CB071198

GESTÃO
EMPRESARIAL

GESTÃO EMPRESARIAL

Os Conceitos Fundamentais para a Prosperidade nos Negócios

RYUHO OKAWA

IRH Press do Brasil

Copyright © 2018 Ryuho Okawa
Edição original © 2008 publicada em japonês: *Keiei Nyumon*

Tradução para o português: Happy Science do Brasil
Coordenação editorial: Wally Constantino
Revisão: Laura Vecchioli e Agnaldo Alves
Capa: Maurício Geurgas

IRH Press do Brasil Editora Limitada
Rua Domingos de Morais, 1154, 1º andar, sala 101
Vila Mariana, São Paulo – SP – Brasil, CEP 04010-100

Todos os direitos reservados.
Nenhuma parte desta publicação poderá ser reproduzida, copiada, armazenada em sistema digital ou transferida por qualquer meio, eletrônico, mecânico, fotocópia, gravação ou quaisquer outros, sem que haja permissão por escrito emitida pela Happy Science – Ciência da Felicidade do Brasil.

ISBN: 978-85-64658-42-4

Sumário

Prefácio 11

~❧~ CAPÍTULO UM ~❧~
Orientações para a prosperidade nos negócios
~ O serviço que encanta o cliente ~

1. A empresa que cativa o cliente consegue crescer 15
2. As conveniências da empresa não encantam os clientes 16
3. Raciocinar colocando-se na posição do cliente 19
4. Sem entusiasmo, não se pode encantar o cliente 23
5. Observe a si mesmo sob a ótica de alguém de fora 25
6. É difícil sobreviver sem clientes assíduos 31
7. A relação entre a reflexão como prática empresarial e a prosperidade nos negócios 32

~❧~ CAPÍTULO DOIS ~❧~
Como se tornar um autêntico líder
~ A Teoria de Recursos Humanos que valoriza a missão da vida ~

1. A natureza humana deseja ser útil à sociedade 37

2. A remuneração é a sabedoria da humanidade para estimular um bom trabalho 40
3. A plena manifestação do seu potencial só é possível quando você é fiel à sua missão divina 43
4. O gestor deve saber identificar o grau de importância das diferentes tarefas 52
5. Os relacionamentos interpessoais para se tornar um grande líder 57
6. Seja útil e não competente 67
7. O segredo do crescimento empresarial está em aproveitar a força dos outros 69
8. Saber avaliar as pessoas é a base da capacitação gerencial 75
9. A tendência do futuro está no coração humano 79
10. O trabalho e o amor não são de dimensões distintas 80
11. Concentre-se na parte importante e elimine os desperdícios 81
12. Maximize o resultado total, acumulando reservas 83

CAPÍTULO TRÊS

Mensagem ao presidente de uma empresa pequena

~ Conceitos para expandir ao máximo o potencial do executivo ~

1. Observar o sofrimento do gestor 89
2. A capacidade do presidente sela o destino da empresa 91
3. Numa empresa de pequeno porte, a gestão familiar não é algo ruim 95

4. Os pontos-chave da gestão numa empresa de pequeno porte 98
5. Conceitos sobre o lucro e o recolhimento de impostos 105
6. Nas decisões empresariais difíceis, desenvolva uma mente inabalável 108

CAPÍTULO QUATRO
Teoria da liderança invencível
~ Como crescer e ter uma empresa com mais de mil funcionários ~

1. O pensamento vencedor como uma "filosofia para se tornar um ser humano completo" 113
2. O gestor deve ter consciência do poder de influência do seu pensamento 114
3. Os cuidados necessários na sucessão empresarial 119
4. O ponto de partida de uma empresa é o "business" 123
5. Como montar uma organização voltada para o crescimento ... 125
6. Romper os gargalos do desenvolvimento – para crescer e ter mais de mil funcionários 135
7. Descobrir ou criar a necessidade do cliente 142
8. A visão de futuro do gestor prudente: enxergar apenas meio passo à frente 144
9. Pesquise exaustivamente os sucessos e fracassos do concorrente 145
10. O pensamento vencedor transforma tudo em sucesso 146
    A doçura é o pensamento positivo; o sabor é o pensamento vencedor 149

CAPÍTULO CINCO

Fundamentos da gestão
~ Oito atitudes que um gestor deve ter ~

1. Gestão é administrar um empreendimento e gerar resultados usando pessoas 153
2. Criar valores empresariais como lema da organização 160
3. Visão sistêmica: a capacidade de ver a empresa como um todo... 164
4. Treinar a construção de uma lógica 166
5. É preciso ter as qualidades de um educador para fazer um negócio prosperar 170
6. Capacidade de decisão – o gestor é forçado a tomar decisões penosas 171
7. O conceito de público e privado para o gestor 175
8. Manter-se no cargo ou se afastar – quando se aposentar e a formação de um sucessor 180

CAPÍTULO SEIS

Dicas para prosperar nos negócios
~ Os negócios crescem quando se superam as dificuldades ~

1. O trabalho de CEO do ponto de vista religioso 191
2. Todos os gestores devem ter senso de missão 195
3. O gestor passa por aprimoramento devido ao risco de falência 198
4. Identifique o potencial de crescimento do negócio 200

5. Você tem equilíbrio emocional para lidar com um lucro de 1 milhão de dólares? 204
6. É mais difícil gastar do que ganhar dinheiro 206
7. Seja duro consigo mesmo 210

CAPÍTULO SETE

Conselhos úteis para a gestão
~ O preparo espiritual que o gestor deve ter para criar alto valor agregado ~

1. Conceitos para aumentar os resultados 215
2. A tendência deflacionária mundial que a economia globalizada causou 217
3. Inclua nas análises empresariais a queda geral de preços provocada pelas inovações tecnológicas 220
4. Não há como sobreviver somente com a concorrência de preço 224
5. A solução para a sobrevivência de pequenas e médias empresas está no desenvolvimento de produtos de alto valor agregado 228
6. Estreitar o foco do negócio é o caminho para a sobrevivência das pequenas e médias empresas 232
7. Migre os recursos empresariais ousadamente para as unidades de negócio lucrativas 237
8. Mude seu raciocínio: em vez de orientado à empresa, passe a ser orientado ao cliente 242
9. A gestão é um ato de amor e de contribuição à humanidade 247

Posfácio 251

Sobre o autor 253
Sobre a Happy Science 257
Contatos 259
Partido da Realização da Felicidade 264
Universidade Happy Science 265
Filmes da Happy Science 268
Outros livros de Ryuho Okawa 271

Prefácio

Decidi reunir neste livro, *Gestão Empresarial – Os conceitos fundamentais para a prosperidade nos negócios*, um conteúdo que será muito útil tanto para os gestores empresariais como para aqueles que pretendem ingressar no mundo dos negócios. Espero que levem em consideração atentamente os princípios que menciono repetidas vezes, pois são extremamente importantes.

Bastaria uma leitura minuciosa deste material para transformar um pequeno empreendimento em uma grande empresa, do porte daquelas cujas ações são negociadas na Bolsa de Valores.

Oro pelo sucesso!

Ryuho Okawa
Novembro de 2008

CAPÍTULO 1

Orientações para a prosperidade nos negócios

~ O serviço que encanta o cliente ~

1

A empresa que cativa o cliente consegue crescer

Neste capítulo, eu gostaria de apresentar algumas orientações para a prosperidade nos negócios. Se fosse resumir a técnica para prosperar nos negócios num único conceito, eu diria: "encantar o cliente".

Se você quer progredir e aumentar os lucros do seu negócio ou da companhia onde trabalha, o importante é encantar as pessoas. Essa técnica se aplica a todos os ramos de atividade e a todas as pessoas, desde os profissionais terceirizados ou os funcionários que se encontram no nível hierárquico mais baixo até o presidente da empresa.

Esse é o objetivo principal: proporcionar encantamento às pessoas por meio de suas palavras e atitudes, do produto ou serviço que oferece ou do trabalho que realizou. Quem for bem-sucedido nesse aspecto, com certeza irá constatar o crescimento dos negócios, independentemente do ramo de atividade. Se todos os funcionários de uma organização forem contagiados por seu presidente – um indivíduo capaz de atrair multidões e proporcionar emoções positivas aos seus clientes –, essa empresa inevitavelmente irá progredir.

O mesmo pode ser dito em relação às instituições religiosas. Encantar as pessoas é um ponto fundamental para avançar no trabalho missionário.

Seja qual for o empreendimento no qual está envolvido, se você conseguir propiciar emoções positivas às pessoas, com certeza conseguirá progredir.

2
As conveniências da empresa não encantam os clientes

Os efeitos negativos dos manuais de procedimentos

Afinal, como essa tarefa de envolver os clientes pode ser realizada? Para responder a essa pergunta, vamos nos colocar na posição do cliente e pensar: "Em que circunstâncias, como cliente, eu perco o interesse por algum produto ou serviço?". Em primeiro lugar, quando o vendedor começa a apresentar uma lista de condições que, na essência, convêm à empresa dele, mas não necessariamente a você. Isso ocorre, por exemplo, quando ele começa a citar argumentos do tipo: "De acordo com a regra da nossa empresa..."; "O nosso produto sempre foi dessa forma."; "O nosso serviço está limitado a essas condições", e assim por diante. Ou, então, quando o cliente pede algo ou solicita uma melhoria e o fornecedor diz que não pode atendê-lo, apresentando justificativas baseadas nas diretrizes da empresa ou na filosofia pessoal do presidente.

Uma empresa cujo funcionário trabalha sempre de acordo com o manual interno também não é capaz de atrair o cliente. Imagine, por exemplo, se você entrasse numa cafeteria num dia quente de verão, bastante suado, pedisse uma bebida e o garçom lhe perguntasse, de acordo com o manual de procedimentos: "O senhor quer uma bebida quente ou fria? Se quiser uma bebida quente, nós temos café e chá de diferentes procedências". Certamente, você estranharia muito essa atitude. Numa circunstância como essa, o garçom deveria se colocar na posição do cliente e oferecer: "As opções de bebidas geladas são essas!".

O atendimento que se baseia em manuais de procedimento dificilmente pode atrair um cliente, pois em geral eles são elaborados para defender as conveniências internas da empresa.

Esses manuais ou diretrizes são necessários para garantir um mínimo de qualidade do trabalho e elevar o nível de todos até a média. Entretanto, isso não é suficiente para encantar o cliente.

Um pequeno diferencial é capaz de gerar diferença no resultado da empresa

Mesmo um funcionário terceirizado é capaz de envolver o cliente se ele se arriscar e oferecer um atendimento diferenciado em relação ao manual. O segredo desse método é perceber com antecedência o desejo e o sentimento da pessoa e identificar do que ela está mais precisando naquele momento. E, para alcançar esse objetivo, você não deve economizar energia, sabedoria ou palavras.

Hoje, por exemplo, existe no Japão uma competição acirrada no segmento de minimercados e lojas de conveniência. Aparentemente eles são todos iguais, mas há uma clara diferença nos resultados obtidos. Os estilos são semelhantes e os produtos oferecidos também, mas os resultados são bem distintos.

E seus diferenciais na verdade são mínimos. Por exemplo, algumas lojas japonesas se despedem dos clientes que fazem compras pela manhã desejando-lhes: "Bom trabalho!", e recebem os que chegam ao final da tarde com cumprimentos do tipo: "Bem-vindo de volta!". Quando é recebido com esse carinho, o cliente tem um sentimento bem diferente em relação ao que ocorre em outras lojas e passa a ser um consumidor assíduo. Ele se sente em casa, e, quando o funcionário se despede dele com os votos de "Bom trabalho!", tem a sensação de estar saindo de sua própria casa. E, ao ser recebido com um: "Bem-vindo de volta!", sente como se estivesse voltando para casa. Eis um exemplo de como causar boa impressão com o simples uso de palavras.

Outra forma de conquistar o cliente é ser proativo e entregar o que ele quer ou precisa no momento certo. No caso do serviço de táxi, se a pessoa for sair do veículo em meio à chuva e o motorista lhe estender um guarda-chuva, ele certamente vai cativar o cliente. Esse mesmo serviço não seria surpreendente se o cliente tivesse de perguntar: "Você tem guarda-chuva?". Portanto, para encantar um cliente é essencial colocar-se na posição dele.

3

Raciocinar colocando-se na posição do cliente

A lógica do fornecedor embutida na filosofia "o melhor para o cliente"

Há um erro bastante comum nessa questão de encantar o cliente. Quase todas as empresas costumam alardear que seguem princípios como "o cliente em primeiro lugar", "a valorização do cliente", "estamos aqui para servi-lo" etc. Entretanto, é comum que cometam muitos erros ao colocá-los em prática. Embora declarem que estão fazendo tudo para satisfazer o consumidor, elas continuam impondo a sua maneira de pensar. Na sede da empresa, distante da realidade do mercado, os executivos planejam o que é o melhor para o cliente; no entanto, muitas vezes, isso não passa de uma imposição unilateral do que a empresa acredita ser o melhor para o seu público-alvo.

A maneira correta de pensar é "colocar-se na posição do cliente", e não "fazer o melhor para o cliente", pois neste último conceito está embutida a lógica do fornecedor, ou seja, de quem vende o produto.

No caso da indústria de eletrodomésticos que fabrica televisores, é muito fácil anunciar: "Fabricamos a melhor televisão para o cliente!". A lógica seria outra se o fabricante fizesse a si mesmo a seguinte pergunta: "Esse aparelho foi criado colocando-se na posição do cliente?".

Antes do surgimento dos televisores de tela fina, como a de cristal líquido, os aparelhos eram enormes e pesados, e constituía um transtorno encontrar espaço para acomodá-los na sala. E quando o aparelho quebrava era muito trabalhoso carregá-lo até uma assistência técnica ou levá-lo para um depósito de lixo. O fabricante não se preocupava com as conveniências do cliente e acreditava que para ele bastava comprar uma tevê que oferecesse uma imagem bonita. Nesse sentido, os modelos ultrafinos atuais foram feitos da maneira correta, colocando-se no lugar do cliente.

O mesmo ocorre com as quitandas e os mercadinhos que comercializam frutas, verduras e legumes. Por mais que o dono do negócio tente convencer um comprador de que "abasteceu a quitanda com excelentes produtos, pensando no cliente", na verdade, o vendedor abasteceu-a de alimentos que ele acreditava serem os melhores.

É preciso estar atento porque, por mais que se diga "o melhor para o cliente", você pode estar sendo induzido pela lógica e pelo modo de pensar do fornecedor. Não se deixe enganar pela frase "o melhor para o cliente" nem tente enganar a si próprio. É preciso raciocinar colocando-se na posição do cliente.

O serviço capaz de encantar o cliente nasce do seu coração

Eu gostaria de me aprofundar na questão dos efeitos negativos causados pela dependência dos manuais de procedimentos. Claro, os manuais são necessários para criar regras que permitam a fabricação de produtos de modo uniforme ou a constância de um serviço oferecido ao consumidor, e com frequência as tarefas são executadas com base nos manuais. No entanto, eles não são capazes de dar um passo adiante e gerar serviços que cativem o cliente. Esse tipo de serviço diferenciado surge a partir do coração afetuoso do indivíduo.

O importante é que você realize um trabalho capaz de encantar o cliente dando um passo à frente, seja por meio de uma simples palavra ou um gesto. Isto é, procure transmitir, em gestos ou palavras, o sentimento de que está pensando no cliente. E, ao fazê-lo, sua empresa irá crescer, independentemente do seu ramo de atividade.

No entanto, é preciso ter certo cuidado, pois a tendência natural é pensarmos com base no racionalismo e nos tornarmos indivíduos calculistas, que só veem os resultados numéricos; com isso, acabamos nos distanciando do cliente. Esse é um tipo de erro que pode ser cometido por qualquer empresa, e em geral começa a ocorrer quando ela chega a ter cerca de dez funcionários.

É comum as empresas avaliarem o trabalho reunindo apenas seus profissionais e chegarem à seguinte conclusão: "Nós pensamos e agimos assim. O resultado empresarial é esse!". Desse modo, a lógica interna persiste e a empresa perde a noção do que está acontecendo com o cliente ou com o mercado.

A princípio, para criar um negócio e fazê-lo crescer é importante definir os conceitos e a lógica de seu funcionamento, organizar todo esse conteúdo na forma de um manual e fazer com que os funcionários o estudem. No entanto, só isso não basta para que os produtos ou serviços oferecidos pela empresa superem o nível do padrão disponível no mercado; assim, quando há muita concorrência não é possível sobreviver. Por isso, você precisa avançar até o nível de encantar o cliente, e essa emoção só pode ser motivada pelo sentimento de uma pessoa.

4

Sem entusiasmo, não se pode encantar o cliente

O senso de missão de servir ao mundo por meio do trabalho gera entusiasmo

O que é necessário para encantar o cliente? Embora já seja uma expressão clássica, é o entusiasmo. Seja o presidente da empresa, o diretor, o gerente ou um simples funcionário, sem entusiasmo não se pode cativar o cliente. Isso vale para todas as empresas.

Por exemplo, se o diretor tiver entusiasmo, essa energia será transmitida aos seus funcionários. E na base desse sentimento está o prazer de trabalhar. É preciso que a pessoa goste do que faz para ter entusiasmo. É desse sentimento de satisfação em relação ao trabalho que nasce o entusiasmo. Portanto, a maior felicidade do ser humano está em se dedicar a uma atividade que aprecia.

No sentido inverso à afirmação de que o entusiasmo nasce por você gostar do seu trabalho, podemos dizer que você acaba gostando do seu trabalho – qualquer que seja ele – quando se dedica a ele com entusiasmo.

Qualquer um seria capaz de se dedicar a uma atividade se ela fosse divertida. Entretanto, não podemos simplesmente ficar esperando que ela caia do céu. É preciso fazer com que essa atividade se torne divertida, e, para isso, devemos perceber o senso de missão que existe no trabalho que realizamos. É o sentimento de servir ao mundo por meio do trabalho.

Toda profissão é nobre quando exercida com entusiasmo

Dentre as atividades humanas, existem os mais diversos tipos de trabalho, mas, por princípio, nenhuma profissão é mais nobre do que outra. Eu, particularmente, penso que, de todas as profissões, a de líder religioso é a mais nobre; no entanto, o trabalho de um comandante de avião, por exemplo, também é nobre. No Japão, não costuma haver aplausos para o comandante quando ele faz uma aterrissagem segura. No exterior, porém, isso às vezes acontece.

Decolar e aterrissar uma aeronave em segurança constituem tarefas normais para um comandante, e os passageiros pagam muito dinheiro para remunerá-lo por esse trabalho óbvio quando compram uma passagem. Talvez esse serviço devesse custar mais caro, uma vez que o passageiro entrega sua vida nas mãos desse profissional. Por isso, penso que os aplausos após uma aterrissagem segura são até justificáveis, pois centenas de vidas se encerrariam se ocorresse algum acidente aéreo.

Portanto, o trabalho de um comandante também é nobre, tanto quanto o dos comissários de bordo, dos atendentes de lojas de conveniência ou dos funcionários de uma pizzaria, desde que se trabalhe com entusiasmo.

5

Observe a si mesmo sob a ótica de alguém de fora

Será que você não está administrando seu negócio de acordo com a sua conveniência?

Dizem que, nas pizzarias, os funcionários são treinados para responder ao telefone: "Sua pizza acabou de sair daqui!", sempre que um cliente se queixa da demora na entrega. É possível que as vendas comecem a cair se você deixar o cliente na expectativa de receber a pizza em alguns minutos quando ela ainda nem está pronta. O cliente pode ser enganado na primeira vez, mas não na segunda ou na terceira. Com certeza, esse serviço não está voltado para o cliente.

Eu mesmo já passei por essa situação. Certa vez fiz uma viagem com minha esposa até a região de Ise-shima. Ao chegar, entramos num restaurante que era especializado em lagosta e ficava em frente à estação de trem. Embora no cardápio constassem diversas opções, o garçom nos informou logo que sentamos à mesa: "Estamos na alta estação e, portanto, só temos estes pratos", apontando dois ou três itens. Fizemos o pedido conforme nos foi orientado, mas, depois de cerca de 45 minutos, a comida ainda não havia sido servida.

Se um restaurante não consegue atender aos pedidos, mesmo trabalhando com opções limitadas, é porque está com clientes em excesso. Com certeza, o proprietário deve ter contratado cozinheiros em quantidade suficiente para atender à demanda nos horários mais fracos. Mas ficou evidente que, no pico do movimento, o restaurante não conseguia dar conta dos pedidos. No final, acabamos saindo do local alegando falta de tempo. Decidimos comprar na estação um prato pronto para viagem e comemos no trem. Foi uma total perda de tempo.

Creio que faltou integridade aos gestores desse restaurante. Eles administram o negócio com base somente nas suas conveniências. Devido à ganância, aceitavam todos os clientes, mesmo não tendo capacidade para atendê-los. Quando perguntávamos quanto tempo iriam levar para nos servir ou se eles estavam com falta de pessoal, sempre nos davam a resposta: "Não sei. Logo o prato será servido". E, mesmo assim, aceitavam mais e mais clientes. Se o local não tinha capacidade para atender a todos os pedidos, eles deveriam ter tomado as devidas providências.

Esse restaurante estava apenas tirando vantagem de sua boa localização em frente à estação de trem. Do lado de fora do estabelecimento havia vários anúncios exagerados; no entanto, o atendimento dado pelos funcionários não era suficiente. Quando a realidade é bastante distante da propaganda, o cliente pode ser enganado pela primeira vez, mas na segunda ou terceira vez ele não volta mais. A avaliação do cliente é dura. Eu diria que as condições favoráveis oferecidas pela boa localização do restaurante fizeram com que o seu gestor negligenciasse no atendimento.

Quem não consegue ter outra visão além da própria vai desaparecer

É muito difícil ter um negócio bem-sucedido no bairro da zona portuária de Tóquio, sobretudo porque nessa área o aluguel é caro. Há casos em que, no mesmo ponto, duas ou três lojas fecham no período de um ano. Também aqui o conceito necessário é o de cativar o coração do cliente. É muito difícil olhar para um empreendimento pela perspectiva do cliente, e não pela do gestor.

Não se trata apenas da gestão de estabelecimentos comerciais, como vimos há pouco. Esse conceito também se aplica, por exemplo, aos artistas em geral, como os cantores ou atores de televisão. De fato, aqueles que só conseguem observar a situação a partir da própria posição acabam desaparecendo.

No caso dos artistas, quanto mais competentes, mais conseguem perceber a avaliação geral que o povo faz deles em todo o território nacional pelas telas de tevê. Existem alguns programas japoneses nos quais os artistas competem entre si pela fama, participando de uma pesquisa de opinião pública. Aquele que é capaz de ter a melhor percepção de sua fama, visibilidade e credibilidade e chega a um resultado próximo ao fornecido pela pesquisa acaba se tornando famoso, seja como ator, apresentador ou cantor. A maioria dos participantes não consegue avaliar a opinião pública e acaba se perdendo em meio à busca da fama. Tudo é uma questão de ser capaz de se observar sob uma ótica inversa. Eis a técnica para cativar o coração do cliente.

Se fosse possível ensinar essa técnica de forma acadêmica, seria algo revolucionário; porém, não há quem o consiga e, portanto, não se pode criar um departamento específico para isso. E, mesmo que fosse possível, seria muito difícil aprender. Por mais que se tentasse ensinar essa técnica na forma de um manual, seria difícil ajustar o foco, estabelecer os pontos principais e as diretrizes, pois cada empresa, loja, prestação de serviço ou ramo de atividade possui características únicas e enfrenta condições distintas.

Não há como conquistar o cliente se você não é capaz de se ver por uma perspectiva externa

Falei sobre o quanto é importante encantar e cativar o coração do maior número possível de pessoas, em qualquer ramo de atividade.

Isso também serve para um líder religioso. Não há como ser um bom orientador religioso se ele não é capaz de enxergar a si mesmo pela ótica do fiel. Além disso, quando há uma disputa acirrada entre concorrentes, você não deve insistir demasiadamente nos argumentos para justificar o seu posicionamento. É preciso ver sob a ótica de alguém de fora.

No entanto, existem lojas que vivem tentando "doutrinar" os clientes: "As regras da nossa casa são essas". Com certeza os clientes se sentem desconfortáveis e não querem mais voltar.

Certo dia, fui com um grupo de amigos à cidade de Nagasaki e entramos num restaurante típico da região. Trouxeram à nossa mesa várias iguarias; então, pedimos pratos extras para que pudéssemos provar os alimentos separadamente. O garçom nos explicou: "Aqui em Nagasaki temos o hábito de comer tudo no mesmo prato". Discordamos, argumentando: "Mas, assim, os sabores vão ficar misturados!". O garçom retorquiu: "O bom está justamente em misturar o sabor da primeira comida com o da seguinte, e assim por diante".

Como o garçom insistia em dizer que aquele era o costume dos clientes habituais da casa, acabamos nos servindo das diversas iguarias no mesmo prato, mas a sensação não foi das mais agradáveis. Se os moradores locais estão acostumados a se alimentar daquele modo, não há nenhum problema, e não pretendo recomendar-lhes a troca de pratos. Entretanto, como éramos clientes de fora, o garçom poderia ter nos oferecido os pratos adicionais; não custaria nada nos atender. A atitude dele seria compreensível se estivéssemos num restaurante extremamente tradicional, que preza por etiquetas, mas nem era esse o caso.

Uma vez que não pretendemos voltar àquele restaurante, eles perderam a oportunidade de formar clientes assíduos.

6

É difícil sobreviver sem clientes assíduos

A formação de clientes assíduos é muito importante.

Até agora, expliquei que a primeira técnica para prosperar nos negócios é encantar o cliente. No entanto, obter a assiduidade de um cliente é extremamente importante. Por isso, o segundo ponto é fazer com que ele se torne assíduo. Seja para uma loja de departamentos, um restaurante ou uma empresa de táxi, é essencial formar clientes assíduos.

Em qualquer empreendimento, não basta apenas trabalhar com novos clientes. É preciso conquistar novos consumidores e fidelizá-los. Se cada novo comprador se tornar fiel ao produto ou serviço que você oferece, seu faturamento vai aumentar e a empresa crescerá. Se, ao invés disso, esses indivíduos não retornarem, você não conseguirá ampliar seu negócio ou acabará falindo.

Nem sempre esse aspecto é bem compreendido; porém, tanto no ramo hoteleiro como em qualquer outra área de atividade, pode-se afirmar que é difícil sobreviver sem formar uma clientela constante. A manutenção da empresa só é possível graças aos clientes regulares. E se, além de preservá-los, você conseguir captar novos consumidores, os negócios crescerão.

Quando os clientes chegam ao ponto de afirmar: "Esse hotel é péssimo!" ou "Essa loja não presta!", dificilmente você conseguirá manter o negócio. Essa é a dura realidade.

7

A relação entre a reflexão como prática empresarial e a prosperidade nos negócios

O gestor deve praticar a reflexão com frequência

Se o número dos seus clientes regulares está diminuindo, essa situação já indica uma tendência à falência. Portanto, o indivíduo que administra um negócio precisa refletir: "Por que a quantidade de clientes regulares está diminuindo?". Isso vale tanto para lojas como para empresas de qualquer segmento.

O gestor deve praticar a reflexão. É de suma importância que ele pense e reflita sobre os motivos que levam os consumidores a não repetir as compras na mesma loja ou não utilizar novamente o serviço oferecido por uma empresa. A sabedoria nasce a partir da reflexão, e depois se inicia o desenvolvimento. O gestor que pratica a reflexão é um indivíduo competente. No entanto, em geral, os gestores não conseguem seguir esse preceito ou simplesmente não querem pensar no assunto. Com frequência viram empresários, comandam seus funcionários e acabam se tornando arrogantes. Desse modo, por mais que se recomende a eles que pratiquem a reflexão, dificilmente o fazem, devido à arrogância ou à presunção. Eles pensam: "O líder religioso pode ser nobre, mas de negócio eu entendo mais". É muito difícil demolir esse comportamento pretensioso.

Particularmente, o grupo dos presidentes de empresas pode ser classificado como uma "categoria" que não pratica reflexão. Basta o indivíduo ter um negócio próprio com dez funcionários e já não pratica mais a reflexão. Ele acredita que pertence a uma classe especial e se vangloria disso, mas não deveria ser assim.

Se você quer fazer sua empresa crescer, procure praticar a reflexão. Ao buscar melhorias e praticar a reflexão, a empresa crescerá.

O hábito de refletir da alta administração gera desenvolvimento

Quando ocorre uma redução no número de clientes e um aumento de reclamações, com certeza há problemas na organização. É preciso refletir sobre isso. A culpa não deve recair apenas sobre os funcionários. A alta administração deve praticar a reflexão em vez de atribuir a perda de clientes à incompetência de seus empregados.

Se houver o hábito de reflexão e a vontade de implantar melhorias, não haverá redução de clientes. Mas, se a alta administração da empresa tiver uma atitude prepotente por comandar dezenas de funcionários e deixar os rumos da organização por conta deles, a perda de clientes irá se acentuar e, quando menos se espera, a empresa estará falida.

O hábito de praticar a reflexão é fundamental. Na nossa instituição, a Happy Science, pregamos o ensinamento do "Desenvolvimento a partir da reflexão". Quando ocorre um fracasso ou uma derrota, se você examinar detidamente as suas causas por meio da prática de reflexão, estará criando o fator do próximo sucesso.

Na gestão empresarial, a reflexão leva à "Lei do Desenvolvimento".

Enfim, discorri sobre o tema "Orientações para a prosperidade nos negócios", e espero que este material seja de grande utilidade para os gestores empresariais.

Capítulo 2

Como se tornar um autêntico líder

~ A Teoria de Recursos Humanos que valoriza a missão da vida ~

1

A natureza humana deseja ser útil à sociedade

A essência do trabalho

Dentre as minhas publicações, há uma intitulada *Trabalho e Amor*[1], em que apresento os conceitos principais da Teoria de Recursos Humanos. No presente capítulo, pretendo retomar o conteúdo desse livro, concentrando-me sobretudo no aspecto do capital humano dentro de uma organização econômica ou empresarial.

O Capítulo 3 daquele livro foi denominado "Pré-requisitos para o sucesso", e seu conteúdo se destina a indivíduos entre 20 e 40 anos que almejam ser executivos de empresas relativamente grandes. Nesse sentido, a ideia central abordada no capítulo talvez não seja condizente com as necessidades dos gestores da alta administração. De qualquer maneira, pretendo tecer alguns comentários sobre esse tema que também se mostrem úteis aos leitores da presente obra.

Em *Trabalho e Amor*, o primeiro subtítulo que aparece no Capítulo 1 é: "A natureza humana e a vontade de tra-

---

[1] *Trabalho e Amor*. São Paulo: IRH Press do Brasil, 2016.

balhar". Nesse tópico, citei as seguintes ideias: "O desejo de trabalhar faz parte da natureza humana" e "Não é algo com que sejamos imbuídos mais tarde na vida, mas faz parte da essência fundamental que nos torna humanos e é algo com que todos nascem". Espero que você compreenda bem esse conceito.

O ser humano não nasceu para se divertir. Se houve algum grupo, dentro da raça humana, que pensou ter nascido para se divertir, certamente já deve ter sido extinto. O homem nasce neste mundo para trabalhar. O trabalho é uma atividade útil ao mundo e às pessoas. O ser humano possui, por natureza, o sentimento ou o desejo de ser útil. Eis o ponto de partida do qual devemos ter consciência.

Para que fim o ser humano trabalha?

Quando não têm consciência da importância do trabalho, as pessoas se veem forçadas a realizar uma atividade qualquer, sem saber para qual finalidade, e acabam culpando os outros e se queixando: "Sou obrigado a trabalhar porque preciso sustentar minha esposa e meus filhos" ou "Eu trabalho porque meus pais ou professores me ensinaram assim". Desempenhar um ofício por obrigação não gera alegria nem autonomia a uma pessoa.

Portanto, espero que você se conscientize de que "o desejo de trabalhar faz parte da natureza humana e da essência fundamental que todos possuem na condição de seres humanos".

Um animal irracional trabalha para conseguir o alimento do dia e nada mais. O ser humano, porém, tenta fazer mais. Se ele pensasse apenas em obter o alimento do dia não seria diferente dos outros animais. O ser humano tem o desejo de realizar mais que isso, tem a vontade de ser útil aos outros e ao mundo. Esta é a diferença entre o ser humano e os animais irracionais. Eis o fundamento de que a vontade de trabalhar é uma característica humana que nos foi concedida por Deus/Buda e faz parte da essência do ser humano.

Um animal irracional não é capaz de pensar em ser útil ao próximo ou ao mundo; ele se preocupa exclusivamente consigo. Basta ter o que comer naquele dia e, em alguns casos, tentar garantir a próxima refeição. É assim que raciocina por instinto, embora a palavra "instinto" talvez não seja a mais apropriada para definir esse comportamento. Já o ser humano deseja fazer mais que isso. Portanto, quem pensa em ter uma atividade somente para garantir o sustento do dia nem deveria ter nascido como ser humano neste mundo.

Em vez de fazer algo de má vontade apenas para manter a família ou porque recebeu ordens de alguém, é melhor você compreender que o ser humano nasceu para trabalhar, se conscientizar de que ele nasceu para ser útil aos outros e ao mundo por meio do trabalho, pois isso significa proporcionar conforto ao próximo.

2

A remuneração é a sabedoria da humanidade para estimular um bom trabalho

Ainda no Capítulo 1 de *Trabalho e Amor* expliquei que um bom trabalho é devidamente valorizado, e que todo esforço deve ser remunerado. O trabalho não remunerado pode parecer mais nobre que o remunerado, sobretudo para quem tem um estilo de vida baseado em princípios religiosos. Entretanto, este mundo não é povoado só por ascetas budistas. Para estimular todas as pessoas a realizar diferentes atividades, a remuneração é um fator importante. Se o serviço for de boa qualidade, haverá uma remuneração condizente e, desse modo, o indivíduo ficará contente. Esta é uma sabedoria da humanidade ou da civilização. Graças a isso, o ser humano é capaz de funcionar continuamente, o que é realmente gratificante.

Contudo, eu não encaro a remuneração apenas como uma fonte de alegria; ao contrário, creio que devemos considerar o trabalho como algo sério justamente por causa da remuneração. Se não houvesse uma gratificação, não haveria seriedade no trabalho. Se alguém se oferecesse dizendo: "Deixe-me fazer este trabalho, e você não precisa pagar um centavo sequer", você não teria como reclamar se o resultado fosse ruim, pois foi um trabalho gratuito. Há um provérbio que diz: "Nada é mais caro que um serviço gratuito". De fato, não há como realizar um bom trabalho sem que haja remuneração.

Saiba, portanto, que receber uma recompensa por algo realizado nos proporciona um sentimento de satisfação, mas, ao mesmo tempo, gera responsabilidade. Esse princípio não se restringe às atividades empresariais; a relação entre trabalho e remuneração também se aplica, por exemplo, às entidades de utilidade pública.

Quando uma instituição desse tipo patrocina um evento, é muito comum que as pessoas paguem por um ingresso para participar, mas há quem pense que o evento deveria ser totalmente gratuito, uma vez que se trata de uma atividade patrocinada. Contudo, devemos levar em conta que é justamente por causa da remuneração que se pode exigir seriedade daquilo que está sendo oferecido.

As pessoas só vão a um evento pago quando percebem o seu valor. Mas, se o evento for mal organizado, provavelmente o público pagante deixará de comparecer.

Por outro lado, se o evento for gratuito, mesmo sendo mal organizado, talvez acabe atraindo apenas aqueles indivíduos com tempo ocioso. O fato é que as pessoas evitam gastar dinheiro se não percebem o benefício que vão obter.

Desse modo, pode ser que mesmo as entidades de utilidade pública precisem utilizar os princípios econômicos cobrando o ingresso para que o evento seja de boa qualidade.

Cobrar uma remuneração por um serviço realizado não é uma atitude vil, tampouco comercial. Trata-se apenas de uma forma de se exigir que o indivíduo execute um trabalho de alto nível. Vai ser uma dura provação e um exercício de aprimoramento para quem vai realizar o trabalho.

Eis a grande diferença entre hobby e trabalho. O trabalho é duro por ser remunerado. Ninguém paga por coisas sem valor, mas isso pode ser gratificante. Receber algum tipo de recompensa nem sempre é negativo. Afinal, por que o trabalho deve ser remunerado? Porque ele é uma atividade útil que gera um benefício, um lucro. A remuneração ocorre quando o trabalho satisfaz às exigências do consumidor.

3

A plena manifestação do seu potencial só é possível quando você é fiel à sua missão divina

> 1º método para dedicar sua vida ao trabalho:
> **IDENTIFICAR SUA VOCAÇÃO DIVINA**

Observe seu potencial e sua vocação por uma perspectiva externa

No Capítulo 1 de *Trabalho e Amor*, apresentei também as três maneiras de dedicar sua vida ao trabalho.

Para que um trabalho seja remunerado, você deve se dedicar a ele. E, de fato, é uma atividade que merece sua entrega plena. Além disso, você recebe algum tipo de recompensa e isso traz satisfação à sua alma.

A primeira maneira de se entregar ao trabalho é identificar sua vocação divina. Se pensarmos nisso profundamente, veremos que se trata de um tema muito sério. Talvez você nem queira saber qual é a sua missão, mas a verdade é que justamente por isso estou lhe dizendo para identificar sua missão divina, porque além de permitir que você dedique sua vida ao trabalho, também faz parte do seu processo de iluminação. É importante que você descubra o seu verdadeiro "eu" por meio do trabalho. Portanto, recomendo enfaticamente: "Saiba quem você é! No mundo do trabalho há um convívio com outras pessoas e, dentro desse mundo, qual é o seu papel? Qual é o trabalho que você deve realizar? Descubra por si mesmo sua vocação divina!".

Este pode ser um processo árduo e até doloroso. Você precisa descobrir sua capacidade, suas competências, seus talentos e o rumo que deseja seguir pela perspectiva de uma terceira pessoa. Mas não desvie seus olhos. Ao analisar a si próprio, desde o seu nascimento até os dias atuais, por um ponto de vista externo, você será capaz de conhecer suas habilidades e competências, sua vocação divina e muito mais. Se tiver dificuldade em aceitar a missão divina, terá de fazer um esforço considerável. E se não quiser realizar todo esse esforço, o único caminho que lhe restará vai ser aceitar o destino. Essa é uma possibilidade difícil.

Um gestor deve praticar a autorreflexão e identificar sua missão divina

Um gestor deve ter consciência de suas aptidões para exercer essa função. Fazer parte da alta administração de uma empresa é uma tarefa muito árdua. Eu costumo dizer que o limite de crescimento de uma organização é proporcional à capacidade de seu presidente. Com certeza existem muitos outros fatores que interferem no desenvolvimento dos negócios; porém, o gestor deve ter consciência de que sua empresa não crescerá mais quando for atingido o limite de capacidade da alta administração.

Quando a empresa não consegue crescer, é comum o gestor tentar atribuir o fracasso à recessão econômica, à baixa qualificação dos funcionários, ao novo produto, aos produtos dos concorrentes, à saturação do mercado etc., em vez de assumir a própria limitação. No entanto, essas justificativas não melhoram a situação. Nesse momento, o gestor deve praticar a autorreflexão e assumir que não teve a competência, a dedicação e o talento necessários.

É provável que existam outros fatores envolvidos no processo, mas enquanto o indivíduo busca apenas fatores externos, está perdendo a oportunidade do próprio crescimento. A alta administração deve chamar para si a responsabilidade. Em uma empresa de pequeno porte, a alta administração se resume ao presidente; numa grande empresa, refere-se aos diretores e ao gerente da fábrica. A pessoa que ocupa uma dessas posições deve se conscientizar de que o crescimento da empresa depende da competência e do modo de pensar da alta administração, e que não haverá crescimento enquanto a alta administração não romper os próprios limites.

Compreender sua missão divina é uma tarefa imprescindível, embora às vezes possa ser muito dolorosa. Uma vez identificada e assumida sua vocação, o próximo passo é levar em consideração o conceito de "pessoa certa no lugar certo".

No seu caso, quem é a "pessoa certa no lugar certo"?

Para ilustrar melhor esse processo, eu gostaria de fazer uma analogia com as ferramentas de carpintaria. Observe a si mesmo atentamente e pense se você poderia servir como um formão ou uma serra. Se chegar à conclusão de que sua vocação é ser uma serra, procure realizar o melhor trabalho possível nessa função. Ou então, se descobrir que o seu trabalho é entalhar uma madeira como um formão, esse caminho pode ser uma opção da vida igualmente válida. Enfim, é preciso identificar muito bem qual é a sua vocação.

A verdadeira alegria não pode ser alcançada somente porque você escolheu ter a mesma profissão de outra pessoa, tampouco o mesmo cargo que ela ocupa. Esse sentimento só pode ser vivido quando você exerce plenamente sua missão divina. O martelo tem a alegria de um martelo. Não se deve exigir que o martelo faça o trabalho de uma plaina. A alegria do martelo é fincar o prego na madeira. Portanto, é preciso saber de onde vem seu verdadeiro contentamento. Alguns indivíduos acreditam que fazer parte da alta administração de uma empresa gera uma grande satisfação para a pessoa, enquanto outros preferem exercer seu potencial máximo trabalhando como assessor. Quem pressupõe que não consegue ser um líder e sim um assessor ou conselheiro deve acreditar, desse modo, que essa é a sua missão divina e tentar vivê-la em sua totalidade. O cargo de assessor pode parecer simples, mas, em se tratando de uma grande empresa, é uma função bastante relevante. Esse tipo de sucesso também é possível.

Cada indivíduo deve ter plena consciência da função que desempenha. Não se trata simplesmente de ter consciência de abastança[2]. É um conceito necessário para explorar ao máximo o seu potencial e crescer, levando em conta sua vocação divina. Por mais que você se esforce trabalhando numa área que não está relacionada com sua missão divina, o resultado não será positivo. Por exemplo, se um indivíduo tem uma missão religiosa e quer buscar sua autorrealização numa área completamente distinta, será muito difícil que ele alcance um sucesso além do razoável.

Cada um possui uma missão divina única. A maior autorrealização que uma pessoa pode conseguir é quan-

---

2 "Consciência de abastança" significa ter a consciência de que Deus nos abastece com tudo de que precisamos e, ao mesmo tempo, pode significar estar satisfeito com o que se tem. Para mais informações, ver *O Renascimento de Buda*, pág. 116 (São Paulo: IRH Press do Brasil, 2017). (N. do T.)

do ela vive de modo pleno sua missão divina porque, por mais que ela se esforce numa área diferente de sua vocação, o sucesso não virá.

O primeiro método para poder entregar-se ao trabalho é ter plena consciência de que o verdadeiro sucesso só é alcançado quando você se dedica a uma área correlata à sua missão divina.

2º método para dedicar sua vida ao trabalho: TER ENTUSIASMO

As dificuldades se desintegram diante do entusiasmo

O segundo ponto importante para dedicar a vida ao trabalho é ter entusiasmo. Ao fazer uma cerâmica, por mais que o ceramista tenha uma ótima argila, um corante de qualidade ou um bom design para a peça, ele não vai obter uma boa cerâmica se não houver o calor necessário no forno. Isso também ocorre com o trabalho. O entusiasmo é um fator essencial. Com frequência as pessoas se confundem quanto a isso.

Aqueles que não alcançam o sucesso costumam se justificar citando os mais diferentes motivos: "Nasci numa família pobre", "A época não era boa", "Faltou dinheiro",

"Não pude estudar na juventude", "Tive más companhias" e assim por diante. Todos esses argumentos são até plausíveis, mas, no final, o que importa é o entusiasmo. Se você não teve sucesso é porque lhe faltou entusiasmo. Praticamente tudo se resume a isso.

Se, mesmo trabalhando em uma área relacionada à sua missão divina, você não alcançou o sucesso, é porque lhe faltou entusiasmo. Se você gosta do que faz e tem uma atividade à qual pode se entregar de corpo e alma, não há como não brotar entusiasmo dentro de si.

Claro, as pessoas não são iguais em relação às suas competências, habilidades e condições físicas, mas todas essas diferenças desaparecem diante do entusiasmo. E isso também se aplica à diferença de idade. Tudo desaparece.

O fracasso na conquista do sucesso se deve à falta de entusiasmo. Procurar justificativas é perda de tempo. O mesmo pode ser dito para os estudos. Não vale a pena você tentar encontrar explicações para o fato de não ter estudado durante o período escolar ou acadêmico. Tudo o que lhe resta é compensar com entusiasmo posteriormente.

Na faculdade, em geral, temos quatro anos para adquirir o conhecimento específico para a profissão que escolhemos. Porém, são poucos os que de fato passam esse período estudando com seriedade. Mas basta estudar com afinco por cerca de cinco a dez anos após ingressar no meio profissional para compensar a falta de estudo. Não se deve lamentar a falta de estudo no período escolar ou acadêmico. Realizar ou não é uma questão de entusiasmo de cada um. É simples assim.

Quem vive justificando sua situação presente com base no seu passado não consegue progredir. Ao decidir mudar o presente, não importa qual tenha sido o seu passado, você deve compensar suas possíveis falhas com entusiasmo e empolgação. Não devemos viver de justificativas.

O entusiasmo é realmente fundamental. No livro *Trabalho e Amor*, citei o exemplo de quatro grandes personagens da história da humanidade: Buda, Jesus, Confúcio e Sócrates. Os pensamentos que eles transmitiram a diferentes povos não eram apenas inteligentes. Como todos os movimentos voltados à salvação mundial, não basta a inteligência; é preciso entusiasmo. O povo se mobiliza porque o entusiasmo é superior.

Mas esse estado de espírito não deve ficar restrito aos mestres; os discípulos também precisam servir-se dele. Os ensinamentos podem se disseminar ou não dependendo do entusiasmo dos discípulos. Se eles trabalham com o objetivo de cobrar amor em forma de prestígio, os ensinamentos não se propagarão. Mas, se o desejo de salvar as pessoas for realmente forte, os ensinamentos irão se difundir.

Em suma, o entusiasmo é o fator mais importante. Diante dele, as pequenas diferenças de inteligência ou de força física não são relevantes.

> **3º método para dedicar sua vida ao trabalho:**
> **SENTIR GRATIDÃO**

O entusiasmo nasce a partir dos sentimentos de fé e de gratidão

Como citei no referido livro, a terceira condição para dedicar a vida ao trabalho é a gratidão. E esse aspecto também é importante, pois a fonte do entusiasmo é a fé, ou seja, a gratidão que um indivíduo sente em relação às coisas sublimes. Por mais que se diga a uma pessoa para ter entusiasmo, se ela pensar somente no "eu", um ser humano físico, verá que não pode esperar um feito grandioso. Se o objetivo é apenas satisfazer os desejos carnais, as pessoas em geral são capazes de suprir essa necessidade com relativa facilidade.

Quanto aos desejos pessoais de aprovação e reconhecimento, bastaria o marido, a esposa, os filhos, os pais, os parentes ou os amigos nos elogiarem com a frase: "Muito bom!", e os nossos desejos seriam satisfeitos.

Porém, quando se trata de satisfazer o desejo de ser útil à sociedade, à humanidade ou à época em que se vive, não há limite satisfatório. E o entusiasmo necessário para realizar um trabalho ilimitado origina-se dos sentimentos de fé ou de gratidão.

Quando conseguirmos algum sucesso na vida, o importante é desejarmos viver cada vez mais devotados à nossa vocação divina, encarando esse sucesso com humildade como obra da sorte, e não da nossa competência.

4

O gestor deve saber identificar o grau de importância das diferentes tarefas

O gestor precisa saber classificar as tarefas

O Capítulo 2 do livro *Trabalho e Amor*, intitulado "Como desempenhar seu trabalho", apresenta as metodologias necessárias para realizarmos o trabalho ao qual pretendemos dedicar nossa vida.

Primeiro, você precisa compreender o conceito central do seu trabalho, e isso deve ser feito por três diferentes perspectivas ou visões: macro, média e micro. Na visão macro, você procura ter uma noção dos objetivos gerais da empresa onde trabalha; a visão média refere-se aos tipos de serviço realizados no seu departamento, e a visão micro exige que você conheça exatamente suas atribuições. Aquele que não for capaz de ter esse discernimento não conseguirá desempenhar sua função de modo competente, e isso ocorre com muita frequência.

Quando a empresa lhe atribuir algumas tarefas, você precisa saber classificá-las rapidamente segundo uma visão macro, média e micro, caso contrário não poderá fazer parte da alta administração e ser qualificado como gestor. Aquele indivíduo que faz a classificação da maneira inversa não deve se tornar um gestor. Ele pode ser apenas um empregador, pois é provável que tome decisões que ficarão completamente distorcidas. Essa é uma situação bastante comum, e o que leva um gestor a cometer esse tipo de erro é não possuir um conhecimento profundo do próprio trabalho ou ter um perfil meramente técnico.

Os indivíduos que têm um perfil técnico ficam inebriados por sua técnica ou competência e só pensam no que gostam de fazer. Quando isso ocorre, esses gestores acabam perdendo efetivamente as noções macro, média e micro.

Certa ocasião, eu tive a oportunidade de assistir a um programa de tevê chamado *Os artesãos da era atual*. Um dos participantes era um exímio carpinteiro; esse homem não conseguia trabalhar com outros carpinteiros porque não confiava na competência deles e, então, acabava fazendo tudo sozinho.

De fato, as casas construídas por ele eram de altíssima qualidade. Entretanto, o término de uma delas poderia levar até seis anos. Talvez o carpinteiro se sentisse realizado, mas, por causa da demora, o cliente poderia até morrer antes de ver a casa pronta, o que seria muito lamentável. Profissionais assim deveriam se dedicar exclusivamente a esculpir estátuas.

Portanto, você precisa ao menos ter o discernimento do que são as visões macro, média e micro. Por mais que a qualidade do trabalho de outra pessoa não lhe agrade, sempre é possível identificar as tarefas que podem ser delegadas e aquelas que só podem ser feitas por você mesmo. Ademais, há sempre atividades preparatórias que antecedem qualquer serviço e que podem ser delegadas. É preciso pensar assim.

O indivíduo que não consegue pensar desse modo pode se tornar um excelente técnico ou artesão, mas não um gestor. A capacidade de classificar as tarefas de acordo com uma perspectiva macro, média e micro é fundamental inclusive para diretores ou jovens executivos. Quem não tiver essa habilidade acabará sendo excluído da carreira de executivo.

**Quem se envolve em tarefas acessórias
não serve para gestor**

Em seguida, no Capítulo 2 daquele livro afirmei que é preciso estabelecer uma hierarquia de importância das tarefas, e o critério utilizado é semelhante à classificação de acordo com uma visão macro, média e micro. Existem as tarefas principais, que em geral são poucas e realmente vitais; as que ocupam o segundo nível de importância; e as demais tarefas, que são consideradas acessórias.

Uma característica típica das pessoas incapazes de fazer seu trabalho de maneira adequada é que elas têm a tendência de começar na maioria das vezes pelas tarefas acessórias, deixando para trás as mais importantes.

Vamos pegar o exemplo de profissionais do sexo feminino. Suponhamos que a diretoria tome a decisão de fazer com que todas as profissionais do sexo feminino trilhem a carreira de executivas. É possível que apenas uma em cada dez seja bem-sucedida. Este é o percentual, pois as mulheres tendem a se envolver em tarefas acessórias. Com frequência, elas não são capazes de se concentrar no objetivo principal, apegando-se a questões periféricas e fragmentadas.

Costuma-se dizer, na sabedoria popular, que não se deve perguntar o caminho para uma mulher quando estamos perdidos. Provavelmente ela iria fornecer muitos detalhes sem importância, o que acabaria causando mais confusão na nossa cabeça.

Para nos dar a orientação, um homem citaria apenas os pontos mais relevantes do trajeto: "Vire a primeira direita e caminhe por tantos metros". Já uma mulher se apega a detalhes ambientais como: "Você vai passar por uma caixa de correio, depois uma árvore em frente de uma quitanda e...". Assim, quem está perdido fica ainda mais perdido.

Infelizmente, as mulheres que seguem a carreira de executiva em geral não conseguem rápidas promoções, mas o motivo é exatamente esse. Por outro lado, essa mesma característica também é um ponto forte nelas, porque são capazes de observar os detalhes de modo atento.

Basicamente, existe apenas um tipo de mulher capaz de sobreviver e ser bem-sucedida como gestora: a "guerreira". Somente essas conseguem ser bem-sucedidas; as demais praticamente não sobrevivem. Quando uma mulher não tem esse perfil de guerreira, é preferível que viva de modo a valorizar a natureza feminina. Com certeza, as mulheres podem construir uma boa carreira profissional e até assumir cargos gerenciais, mas é preciso se conscientizar de que, normalmente, elas não têm perfil para comandar um grande número de profissionais como gestoras.

Em termos históricos, até a época presente, as mulheres nunca chegaram a conquistar uma participação majoritária como gestoras empresariais inatas. Se isso ocorresse, a humanidade já estaria extinta pela taxa de natalidade decrescente.

5

Os relacionamentos interpessoais para se tornar um grande líder

Classifique os tipos de relacionamento na empresa em quatro quadrantes

Ainda no Capítulo 2 do livro *Trabalho e Amor* indiquei o seguinte método: "Estabeleça e aprimore seus relacionamentos pessoais". Esse é um aspecto importante porque, numa empresa, nenhuma pessoa trabalha de modo absolutamente independente das demais. Trata-se, porém, de uma orientação mais adequada para aqueles que pretendem evoluir na carreira profissional, e não para os que já são gestores.

Vou explicar usando um gráfico. As pessoas que trabalham na sua empresa e com as quais você entra em contato podem ser classificadas em quatro quadrantes.

O ponto de intersecção entre os eixos horizontal e vertical representa a sua situação atual. As pessoas que estão acima do eixo horizontal são aquelas em um nível de hierarquia superior ao seu ou que estão há mais tempo na empresa. As que estão abaixo do eixo horizontal são os seus subordinados ou pessoas mais jovens que você.

Relacionamento

Relacionamento vertical
– título e posição

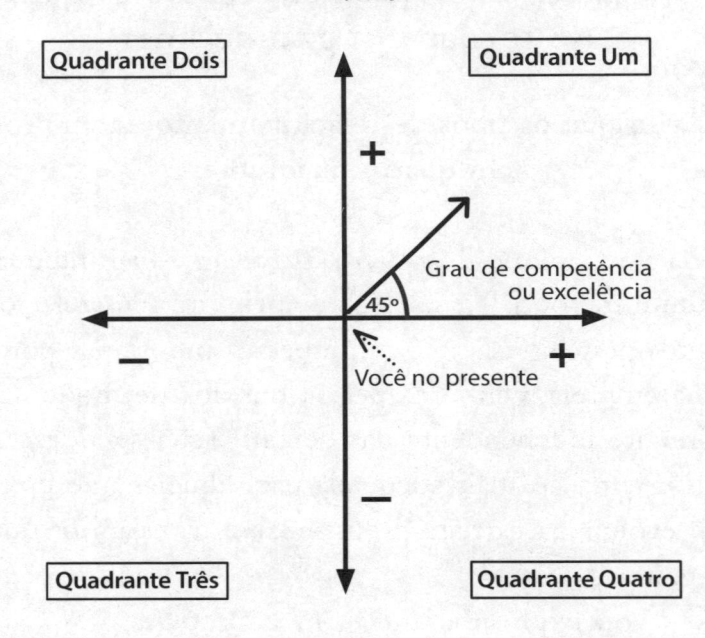

Quadrante Dois		Quadrante Um
	+	
	45° Grau de competência ou excelência	
−	Você no presente	+
	−	
Quadrante Três		Quadrante Quatro

Para ascender na empresa, você precisa seguir a linha que aponta para cima, o eixo vertical. As pessoas que se situam à direita dele são aquelas que você considera mais competentes, e as que ficam à esquerda são as que você julga ter uma competência inferior à sua.

Portanto, no Quadrante Um estão as pessoas hierarquicamente superiores e mais competentes do que você. No Quadrante Dois situam-se as hierarquicamente superiores a você, porém menos capazes. No Quadrante Três encontram-se as pessoas hierarquicamente inferiores e menos competentes e, no Quadrante Quatro, estão aquelas hierarquicamente inferiores, porém mais competentes do que você.

Ao usar essa técnica, você será capaz de classificar todas as pessoas da sua empresa e poderá colocar em prática as estratégias a seguir.

Procure ser reconhecido pelas pessoas do Quadrante Um

As pessoas que pertencem ao Quadrante Um são mais competentes e hierarquicamente superiores a você. São elas que têm o maior poder sobre a sua carreira profissional. Saiba que a sua promoção será praticamente inviável se elas não souberem da sua existência.

Mesmo que um superior hierárquico repare em você, se ele for incompetente provavelmente não irá ajudá-lo em sua ascensão profissional. Se você for reconhecido por um superior hierárquico competente, sua ascensão na carreira estará praticamente garantida. Portanto, a qualidade do seu trabalho precisa ser reconhecida pelas pessoas que pertencem a esta categoria. Poucos sabem disso, e há quem pense que será promovido por ser preferido por seus subordinados. Isso talvez funcione no mundo das gangues, pois se trata de uma comunidade em que prevalecem os laços sentimentais e de favores e é preciso cuidar bem dos subordinados. Porém, isso não se aplica ao meio empresarial, pois as pessoas que mais têm poder de decisão são as que pertencem ao Quadrante Um.

Dê a devida atenção às pessoas do Quadrante Dois

Para os executivos de uma empresa, as pessoas mais perigosas são as que pertencem ao Quadrante Dois. São hierarquicamente superiores a você, geralmente mais velhas, porém menos capazes. Quando um funcionário competente é rebaixado, muito provavelmente a decisão foi tomada por alguém que pertence a esse quadrante.

Quando um indivíduo competente se destaca demais e abala o bom humor de alguém desse quadrante, se ele não conseguir a promoção rompendo as barreiras terá a trajetória de sua carreira interrompida. Geralmente, as transferências dos profissionais muito competentes para cargos irrelevantes ocorrem devido a calúnias geradas por pessoas do Quadrante Dois.

Se na sua empresa há diretores altamente competentes que não temem ser destituídos por novatos, você pode ser promovido mesmo tendo uma competência muito elevada; contudo, se na cúpula administrativa não houver pessoas competentes e você se destacar demais, você não vai sobreviver, a menos que tenha alguma "competência extraordinária". Seu destino provável é ser excluído devido a mágoas de pessoas do Quadrante Dois, a não ser que você seja imprescindível para a empresa.

Embora não seja necessário ser reconhecido por essas pessoas, convém se prevenir para não ser alvo de suas ofensivas. Você deve tomar alguns cuidados. Pessoas que pertencem a esse quadrante são muito desconfiadas em relação aos novatos de alta competência e, por isso, você não deve provocá-las em demasia. Por exemplo, mesmo que não lhe traga muitos benefícios, procure participar dos encontros sociais como se fosse um tributo. Siga as regras sociais e dedique certo tempo para comparecer a esses eventos. Isso é inevitável. São muito comuns os eventos empresariais – como viagens programadas pelos integrantes do departamento, festas de fim de ano etc. – e, por mais que considere inúteis, esforce-se para participar dessas atividades. Se não tiver um senso de presença de encher o copo de cerveja dos gerentes, o seu destino será o de lenta extinção.

Ao se concentrar apenas nos profissionais do Quadrante Um, o foco será o trabalho; entretanto, você deverá fazer certo esforço – como pagar um imposto – para abrandar seu relacionamento interpessoal com os integrantes do Quadrante Dois a fim de não ser exterminado. Quem não adota esse tipo de postura acaba sendo excluído de uma promoção na carreira. Assim, se sua única qualidade for a inteligência, provavelmente você será nomeado para o departamento de pesquisa e encerrará a carreira sem progredir. São muitos os profissionais inteligentes demais que não conseguem conquistar cargos importantes, principalmente nas *trading companies*[3]. Quando o indivíduo fracassa nos relacionamentos interpessoais, acaba encerrando sua carreira num canto do departamento de pesquisa.

Seja atencioso e prestativo com as pessoas do Quadrante Três

No Quadrante Três estão os funcionários novatos e menos competentes no trabalho. Obviamente, se você menosprezá-los, acabará sofrendo "maldições". Essas pessoas sabem que não podem vencê-lo e só estão preocupadas com a recompensa que irão receber se ficarem do seu lado para apoiá-lo. Portanto, é importante ser atencioso e prestativo com elas. Seja um bom conselheiro, trate-as com carinho e de vez em quando procure prestigiá-las.

Elas estão sempre atentas observando se os seus superiores estão dispostos a gastar dinheiro em prol dos subordinados. Portanto, é preciso sacrificar o seu "bolso". Comidas e bebidas por sua conta fazem muita diferen-

---

3 Empresa especializada em comércio internacional.

ça para elas. Por exemplo, se perceber que as pessoas do Quadrante Três estão planejando um motim ou uma emboscada contra você, convide-as para uma refeição na sua casa num final de semana e você terá paz por meio ano. Uma vez que comidas e bebidas por sua conta trazem um bom resultado com as pessoas desse quadrante, não se deve regular os gastos. Quando elas percebem notoriamente que você convida apenas os subordinados competentes e economiza centavos com os demais, alguma emboscada pode lhe acontecer.

Ame o talento e seja virtuoso com as pessoas do Quadrante Quatro

É muito difícil lidar com indivíduos do Quadrante Quatro, isto é, subordinados de alta competência. Sua habilidade nos relacionamentos interpessoais será testada. É normal você não gostar de subordinados mais competentes que você. Ter um novato com cinco a dez anos de diferença e além de tudo mais competente é motivo suficiente para deixá-lo desanimado. Essa seria uma reação comum se você fosse um profissional medíocre. Porém, esse é o teste que separa os bons gerentes dos maus.

A empresa cujo presidente só consegue empregar profissionais menos competentes que ele próprio está fadada à falência. Numa empresa em que a competência vai caindo conforme se desce na hierarquia ou na faixa etária dos profissionais, o futuro é sombrio.

É importante que a empresa não entre em falência e continue crescendo mesmo após a sua aposentadoria. No entanto, não se pode esperar o crescimento da empresa se ela não souber usar o talento dos novatos competentes. Mesmo que você corra o risco de, dentro de cinco a dez anos, ser demitido por um subordinado competente, é preciso saber utilizá-lo bem. Sem isso, sua carreira estará comprometida.

Naturalmente, sua competência é importante para que você possa fazer um bom trabalho; entretanto, isso vai depender também de ter ou não subordinados capazes. E para usar bem esse talento é preciso ter caráter. Se o chefe tiver inveja dos subordinados, além de não conseguir comandá-los bem, eles perderão a motivação por completo.

Para extrair o melhor das pessoas do Quadrante Quatro é fundamental saber amar o talento delas. Isso só é possível quando você tem essa consciência. Ademais, quem tem esse espírito de amar os subordinados competentes consegue desenvolver qualidades de virtude. Se o chefe não tem competência, mas valoriza seus subordinados competentes, os outros talvez não o elogiem por sua capacidade, mas vão considerá-lo uma pessoa "virtuosa". Assim, a virtude será a mola propulsora de sua carreira profissional.

Quem é capaz de amar e usar o talento alheio tem potencial para ser líder

Existem diversas teorias de relacionamento interpessoal, mas, *grosso modo*, podemos classificar os indivíduos nesses quatro quadrantes.

O mais importante é a avalição feita pelas pessoas que ocupam o Quadrante Um; deve-se ter cuidado com as dos Quadrantes Dois e Três; por fim, não neutralizar e saber usar o talento das que ocupam o Quadrante Quatro.

No livro *Trabalho e Amor* mencionei que o grande general é aquele capaz de amar e não invejar o talento alheio, e de extrair o melhor de seus subordinados competentes. Por exemplo, mesmo que você tenha uma tropa formada por oficiais devastadores, que sejam capazes de dizimar a tropa inimiga de cem ou mil soldados, isso não será suficiente para conquistar o mundo. É preciso ter um general capaz de extrair o melhor de sua tropa a fim de conquistar o mundo. Enquanto o general estiver apenas competindo com seus oficiais truculentos, não será possível conquistar o mundo.

Antigamente, em períodos de guerra, os combatentes precisavam demonstrar vários talentos: ser exímios em espada, lança e flecha ou rápidos em corrida. Em outras palavras: "Se o general estiver invejando os indivíduos talentosos em espada, lança ou flecha, não terá como vencer a guerra". Em vez de invejá-los, ele deve amar os talentos que possuem. É preciso elogiar: "Você é um craque!". E assim extrair o melhor deles.

O importante é realizar um grande trabalho amando e usando os talentosos. Este é o talento dos grandes líderes.

Para que lado você deve crescer como um grande líder?

Devemos definir o relacionamento interpessoal no trabalho pelo método dos quatro quadrantes. É preciso distribuir cada uma das pessoas em um dos quatro quadrantes e definir com clareza como se relacionar com elas.

Você vai sentir sua posição evoluir gradativamente à medida que se esforça; aos poucos, irá migrar do ponto central do gráfico para cima, num ângulo de 45 graus no primeiro quadrante, e alcançará o topo na extrema direita.

6

Seja útil e não competente

O Capítulo 3 do livro *Trabalho e Amor* descreve os pré-requisitos para o sucesso.

A primeira condição para o sucesso é trabalhar com afinco. Não há sucesso se a pessoa não gosta de trabalhar, e essa é uma verdade indiscutível.

Saiba que não é possível um indivíduo preguiçoso obter triunfo. Alcançar o sucesso com facilidade pode até acontecer uma vez na vida, mas esse evento jamais se repetirá.

A segunda condição para o sucesso é: "Torne-se uma pessoa útil". Esse conceito também é fundamental, mas a grande maioria dos executivos não percebe sua importância. Eles tendem a pensar que o sucesso ocorre graças à sua competência e que basta serem competentes para se tornarem bem-sucedidos. E quando a carreira não progride, o indivíduo pensa: "Por que não estou conseguindo subir se sou tão competente?".

No entanto, eu gostaria que você percebesse a diferença: o pré-requisito para o sucesso é ser útil, e não competente. Isso significa que, por mais que seus talentos pessoais sejam elevados, se eles não agregam valor à organização, não valem nada.

Uma organização não existe para você exibir suas capacitações. O importante é o quanto a pessoa colabora para a rentabilidade da empresa ou do departamento, o quanto ela contribui positiva ou negativamente para o time como um todo.

Vamos pegar o exemplo de um time de futebol. Se nesse time existe um jogador de grande destaque, mas os demais são medíocres e entre eles não há uma boa coordenação, o time não será forte o suficiente. No entanto, se aquele jogador de grande destaque se harmonizar com os demais e realizar grandes jogadas, a equipe se fortalecerá. Um jogador só será valorizado se houver um fortalecimento do time. Não se deve sacrificar o todo para destacar uma única pessoa. Esse tipo de confusão é muito comum.

Caso você esteja passando por uma situação semelhante, questionando-se por que não tem uma carreira brilhante ou não é devidamente valorizado, reflita bastante sobre esse ponto. A resposta virá pelo questionamento: "Estou sendo útil?".

7

O segredo do crescimento empresarial está em aproveitar a força dos outros

A alta administração deve se esforçar para aumentar o seu potencial

O terceiro pré-requisito para o sucesso, que consta no livro mencionado há pouco, é "saber aproveitar a força dos outros". Para ser um bom gestor é preciso saber usar o potencial dos outros. Porém, seguir essa orientação não é tão simples quanto parece.

É preciso que o gestor tenha uma força capaz de agregar os vários talentos e tenha a virtude e a capacidade de amar os outros. Não se trata de uma competência que alguém possa ensinar. Contudo, um negócio não prospera se o gestor não souber usar as habilidades dos outros. Este é um requisito fundamental.

Para aprender a usar a força dos outros só existe uma maneira: expandir seu potencial. A alta administração de uma empresa deve sempre se esforçar para elevar sua capacidade de realização. Por exemplo, em vez de enviar os funcionários para participar de seminários, é melhor o próprio presidente da empresa participar, pois o efeito será maior. O investimento em treinamento de funcionários pode não trazer o retorno necessário. No entanto, o que o presidente aprender seguramente será positivo para a gestão empresarial.

Quanto mais elevado o cargo de um indivíduo, maior será o efeito de seu aprendizado. Não há como aumentar o potencial de uma organização sem elevar o alcance de realizações do próprio presidente.

Como a alta administração deve usar o tempo?

Se você tiver interesse em aumentar a eficiência no uso do tempo da alta administração de sua empresa, eu aconselho que você aplique o Princípio de Pareto. Esse método para melhorar o aproveitamento do tempo, elaborado pelo economista italiano Wilfried Fritz Pareto[4], também está descrito no livro *Trabalho e Amor*.

O Princípio de Pareto (também conhecido como Lei de Pareto) é uma teoria econômica que diz que tudo pode ser expresso numa relação de 80 para 20, e que basta você dominar os 20% mais importantes para conseguir ter o domínio de 80% do todo (abordarei esse princípio mais detalhadamente na seção 11 deste capítulo).

---

4 Wilfried Fritz Pareto (1848-1923) foi um cientista político, sociólogo e economista italiano. Ele elaborou um conceito de eficiência que tem sido aplicado a diversas áreas e atividades econômicas.

Para explicar melhor esse conceito, vamos supor a seguinte situação: imagine um trabalho que leva dez horas para ser 100% realizado. Se você quiser realizar apenas 80%, basta dedicar apenas duas horas a essa tarefa. O restante você pode delegar para outras pessoas.

Assim, se adotarmos o método de efetuar 80% do trabalho em apenas duas horas, em dez horas conseguiremos realizar quatro vezes mais, ou seja, 400%, resultado da equação 80 X 5 = 400.

Se o presidente fizer seu trabalho importante em 20% do seu tempo e delegar o restante para os diretores, estes poderiam fazer o mesmo em relação aos gerentes e assim por diante. Desse modo, seria possível "arranjar" tempo infinitamente e aumentar muito seu aproveitamento.

Para todas as pessoas do mundo, o dia tem a duração de 24 horas. Por mais que você seja capaz e eficiente, seu tempo disponível é de apenas 24 horas por dia. Portanto, o volume de tarefas que você consegue cumprir está bem delimitado. No entanto, quando um trabalho é realizado por um grande número de pessoas, o volume crescerá infinitamente enquanto não se chegar ao limite da capacidade de gestão.

Observar o mundo da religião pela ótica da teoria do trabalho

O mesmo conceito se aplica à religião. No Japão existem cerca de 200 mil organizações religiosas. Se incluirmos nessa estatística as que não são registradas, esse número deve chegar ao dobro. A maioria é composta por pequenas instituições de trezentos a mil fiéis. A expansão de cada uma delas é determinada pelo limite da capacidade individual do fundador e, portanto, não cresce mais do que isso.

Um exemplo clássico é a cura espiritual que ocorre em alguns centros espíritas. Os médiuns curam doenças com o poder espiritual usando a técnica da imposição de mãos. Quando ocorre uma cura desse tipo, o paciente fica satisfeito e o indivíduo que fez a aplicação se sente poderoso. A alegria causada é imensa, e todos querem repetir o evento.

No entanto, não se pode formar muitos discípulos capazes de obter o mesmo resultado. Talvez uma ou duas pessoas consigam se desenvolver, porém jamais ocorre a formação de dezenas ou centenas de pessoas com essa habilidade. Assim, o número diário de atendimentos fica muito restrito, e esse é o limite de crescimento da organização.

Em geral, as novas instituições concentram-se sobretudo em poderes espirituais. É normal que uma nova religião dependa de algum poder espiritual do fundador.

Entretanto, se o fundador se apegar ao poder espiritual e se dedicar apenas a usá-lo, a instituição jamais crescerá. Ela se limitará ao número de pessoas que o fundador pode atender pessoalmente. Esse é o principal motivo pelo qual a maioria das instituições religiosas não consegue crescer tanto.

Muitas vezes, o mesmo ocorre com as pequenas e médias empresas, que possuem um presidente altamente empenhado no trabalho, mas acabam tendo seu progresso restringido pelos limites físicos desse líder.

O conceito contrário é saber usar as pessoas. Eu gostaria de citar o caso de Robert Schuller, um pastor protestante e pensador americano do movimento espiritual Novo Pensamento. Ele construiu um templo enorme, batizado de Catedral de Cristal, inteiramente revestido de vidro, na costa oeste dos Estados Unidos. A construção chegou a custar cerca de 20 milhões de dólares. Em seu livro, consta a seguinte frase: "Para que eu possa realizar um grande trabalho, adotei o princípio de nunca fazer uma tarefa que eu posso delegar a alguém. Sempre me concentrei em fazer aquilo que somente eu posso executar, deixando tudo o que for possível a cargo dos outros". A organização cresce quando se usa as pessoas dessa forma. Eis aqui um exemplo de como esse tipo de teoria de trabalho é praticado também no âmbito das religiões.

Trata-se de uma metodologia imprescindível para os empresários que querem fazer a empresa progredir. No início, você mesmo deve realizar o trabalho, mas, uma vez consolidada a técnica profissional, é preciso delegar as tarefas gradativamente para os subordinados. Quem não o fizer terá um limite no crescimento da empresa correspondente à limitação do próprio gestor.

No que diz respeito à minha atuação como fundador da Happy Science e líder religioso, eu mesmo tenho poderes espirituais e sou capaz de realizar a cura de doenças por meio de fenômenos espirituais; no entanto, não tenho posto em prática esse tipo de trabalho porque sei que, se fizer isso, meus limites físicos acabarão se tornando o fator limitante da instituição, impedindo o seu desenvolvimento.

Caso eu venha a praticar a cura de doenças, não conseguirei fazer mais nada além disso, considerando-se a grande quantidade de seguidores que temos. Quando a instituição ultrapassa certo tamanho, tentar salvar as pessoas com esses métodos pode provocar o resultado contrário, pois a minha capacidade ou o meu potencial acabarão se tornando entraves para a nossa propagação. Assim, atualmente a Happy Science busca sua expansão por meio dos ensinamentos, pois esse é um método que jamais imporá limites ao progresso da organização.

8

Saber avaliar as pessoas é a base da capacitação gerencial

As três maneiras de estudar a psicologia humana

Ainda no Capítulo 3 do livro citado mencionei o quanto é importante estudar a psicologia humana. Deve-se ter consciência de que a competência gerencial se baseia na capacidade de avaliar as pessoas e saber identificar seus pontos fortes e fracos, alocando as pessoas certas nos lugares certos. E, para isso, é imprescindível adquirir certo conhecimento sobre a psicologia humana.

E o que é necessário fazer para pesquisar a psicologia humana? Primeiramente, é preciso usar um método empírico de colocar-se no meio das pessoas e aprender pela observação, com base em experiências reais. Mas isso requer tempo.

Em segundo lugar, é preciso descobrir o quanto antes "os mestres da vida", com os quais aprendemos valiosas lições. Esses indivíduos em geral são professores e empresários competentes, e podem ser encontrados em diversos lugares. É sempre possível estudar a capacidade de análise e decisão dessas pessoas e procurar aplicar esse conhecimento ao seu mundo. Isso é também importante.

O terceiro método é a leitura. Certo ditado popular afirma que "saber é poder", e, de fato, ter conhecimento é um recurso poderoso. Uma vez que você conheça previamente as situações que levam ao fracasso e ao sucesso, não precisará canalizar todos os seus esforços em um processo de tentativa e erro. As atitudes humanas são muitas vezes repetitivas, e as situações empresariais são bastante semelhantes entre si. Em geral, há exemplos parecidos na época contemporânea ou nas histórias do passado. Uma vez conhecendo-os, você pode chegar rapidamente à conclusão. Porém, se você se basear apenas nas suas experiências, as conclusões serão demoradas. O saber é muito importante.

As leituras ideais para estudar a psicologia humana

- *Ler biografias de pessoas famosas*
Essas biografias devem ser lidas como teorias de sucesso. Elas se referem a eventos ocorridos no passado; porém, são úteis para analisarmos de que modo as pessoas bem-sucedidas conquistaram o sucesso.

- *Estudar história*
O mesmo pode ser dito em relação à história. Dizem que a história se repete, e, de fato, as guerras entre empresas do mundo moderno são bem parecidas com as verdadeiras guerras do passado. Ao observarmos as estratégias de guer-

ra do passado no Japão, encontramos vários exemplos de vitórias e estratégias bem-sucedidas dos grandes militares como Yoshitsune, Nobunaga, Hideyoshi etc.

Portanto, é importante aprender com a história e criar seu próprio estilo de vida. Por exemplo, por que Akechi Mitsuhide[5] foi morto como um traidor, enquanto Hideyoshi[6] foi bem-sucedido? Mitsuhide gostava de exibir seu talento, e o demonstrava inclusive para Oda Nobunaga, seu senhor feudal. Enquanto isso, Hideyoshi evitava ser visto como alguém melhor que Nobunaga, seu superior. Hideyoshi conhecia os pontos fortes e fracos de Nobunaga e tomava muito cuidado para que este não se sentisse ameaçado. Assim, quando invadiu as terras de Mouri, na região de Tchuugoku, ele tinha força suficiente para vencer, mas preferiu pedir o apoio de Nobunaga quando já estava prestes a tomar o castelo inimigo. Ele preferiu dar os louros ao senhor feudal, atribuindo a vitória a ele. Hideyoshi era realmente um especialista em valorizar o seu superior. O mesmo não acontecia com Mitsuhide.

Quando conhecemos histórias desse tipo, percebemos o que deve ser feito. Por exemplo, se um gerente de vendas

---

5 Akechi Mitsuhide (1528-1582) foi um general que viveu no período Sengoku do Japão feudal. Ele servia ao Oda Nobunaga, mas, depois de muitas humilhações, se revoltou contra Nobunaga.
6 Toyotomi Hideyoshi (1536-1598) foi um general que serviu ao Oda Nobunaga. Após o suicídio de Nobunaga, Hideyoshi buscou vingança e derrotou Akechi. Trouxe fim ao período Sengoku e unificou o Japão.

declara publicamente que o sucesso obtido numa transação comercial é mérito dele, por mais que os outros funcionários concordem com ele, o presidente poderá sentir que falhou em algum aspecto. O sucesso da empresa é uma honra para o presidente, mas, quando o gerente tenta trazer para si todo o mérito, essa atitude não causa boa impressão na cúpula da empresa.

Se, por outro lado, o gerente comercial pedisse a aprovação do presidente para concluir o negócio, mesmo estando convicto do resultado positivo, o mérito seria do presidente, mas a façanha seria dele. Essa postura é importante.

Quando aprendemos com o passado, conseguimos entender esse tipo de situação. Não há necessidade de repetir as experiências anteriores. Basta conhecer a história para saber o que fazer, pois ela sempre se repete.

- *Ler livros religiosos*

Para adquirirmos os fundamentos da competência gerencial podemos citar os livros religiosos como uma leitura de finalidade múltipla. Quando os estudamos, passamos a entender a essência e o coração do ser humano.

A Happy Science já publicou mais de quatrocentos[7] livros que abordam diferentes questões da vida e da psicologia humana. O indivíduo que quiser adquirir conhe-

---

[7] Até meados de 2018 já foram publicados mais de 2.400 títulos.

cimento e se tornar um especialista em determinada área deverá ler cerca de mil livros específicos sobre o assunto, e assim poderá ser considerado um mestre nessa área.

Porém, os livros publicados pela Happy Science possuem um conteúdo muito denso e, ao lê-los detidamente, em pouco tempo a pessoa adquire boas noções de psicologia humana. Em geral, um livro meu tem um conteúdo equivalente a cem bons livros. Ao ler cem livros meus, você conseguirá os efeitos equivalentes a 10 mil livros comuns. Desse modo, você será capaz de compreender o coração alheio e saberá avaliar muito bem o ser humano. A leitura dos nossos livros é de suma importância nesse sentido. Acreditar na religião leva também ao sucesso na vida.

9

A tendência do futuro está no coração humano

No Capítulo 4 de *Trabalho e Amor*, intitulado "Qual é a verdadeira elite?", fiz uma ampla análise sobre a elite. Eu profetizei inclusive que a religião será a grande estrela da época. E de fato isso já está começando a ocorrer.

A indústria do futuro e a tendência da época também se moverão nesse sentido. Os setores que estiverem voltados para o coração e os valores humanos com certeza experimentarão um crescimento. É bom que você saiba.

Isso não significa que o setor manufatureiro entrará em colapso. Ele deverá se ocupar não apenas em vender o produto, mas, junto dele, oferecer amor, afeto e calor humano. Ou seja, o mercado será liderado por setores que vendem algo que toque o coração humano. Não se deve vender apenas os produtos. É preciso vender o serviço como valor agregado ao produto. E não somente o serviço; é preciso vender o amor, transmitir o amor, a misericórdia, ensinar a salvação humana. A partir do século XXI não haverá prosperidade para as empresas se elas não agregarem esse valores como um diferencial.

10

O trabalho e o amor não são de dimensões distintas

O Capítulo 5, que recebeu o mesmo nome do livro, "Trabalho e Amor", traz uma mensagem muito simples: o trabalho e o amor parecem ser de dimensões distintas, mas não são. Um trabalho malfeito ou realizado de forma negligente constitui uma atitude de cobrança de amor, e o seu efeito é negativo inclusive sob a ótica da verdade religiosa. Já um bom trabalho resulta em algo útil às pessoas e é equivalente ao ato de amor ao próximo.

Dentre as pessoas de fé existem aquelas que tendem a separar o trabalho das atividades religiosas, a competência profissional da iluminação. Mas eu afirmo que não são coisas distintas.

11

Concentre-se na parte importante e elimine os desperdícios

No livro citado anteriormente, o ponto mais importante do Capítulo 7, "Aproveitar o tempo ao máximo", é a Lei de Pareto. Também conhecida como "Lei dos 80% e 20%", essa teoria econômica afirma que tudo neste mundo pode ser expresso numa relação de oito para dois, e o que de fato importa representa 20% do todo. Se tiver o domínio sobre esses 20%, você estará atendendo a cerca de 80% do todo. No trabalho, significa que cerca de 20% de todas as tarefas são de suma importância e basta garantir que elas sejam bem executadas para que você alcance 80% do resultado.

No estudo da gestão empresarial existe uma variante desta lei que se chama "Princípio dos 95%". Por exemplo, quando um consultor financeiro inicia o trabalho numa empresa que tem grandes dificuldades para melhorar seus resultados, em geral, ele começa analisando os dados de vendas. Com frequência, descobre que a empresa despende uma grande energia com clientes ou unidades de negócio que representam apenas 5% do total do faturamento. Ou seja, a empresa gasta dinheiro para visitar clientes que não compram muito. Os 5% representam a parte da baixíssima eficiência.

Assim, os consultores costumam recomendar cortar os 5% inferiores do faturamento e preservar apenas os 95% superiores. Os 5% inferiores representam trabalhos inúteis ou deficitários da empresa. Esse princípio também é uma espécie de Lei de Pareto.

Existe ainda a "Curva de experiência ABC". Trata-se de um método que classifica as atividades em A, B ou C de acordo com seu grau de importância. Assim, eliminam-se as tarefas menos relevantes, preservando as mais importantes.

São todos métodos para uma administração eficaz de suma importância.

12

Maximize o resultado total, acumulando reservas

Aumente sua velocidade de crescimento com ações antecipadas

No Capítulo 9 do livro mencionado, "Viver com reservas acumuladas", dei o exemplo da fábula infantil "A tartaruga e a lebre", de Esopo. Dentre minhas diversas obras, publiquei a autobiografia *El Cantare em sua juventude – Começando como uma pessoa comum*[8]. Nela, eu recomendo que as pessoas adotem o estilo de vida da tartaruga, que se esforça continuamente.

No entanto, espero que seu ritmo de trabalho não se torne lento; por isso, ressalto que, num ciclo de vida curto, também é importante o estilo de vida da lebre, que avança sempre para frente. Se todos adotarem o estilo da tartaruga, a velocidade de crescimento será lenta demais; então, estou enfatizando a importância do estilo da lebre.

Em suma, tanto o estilo de vida da tartaruga como o da lebre fazem parte da verdade espiritual. E, para acelerar a velocidade do crescimento, recomendo que você adote

---

8 Livro publicado internamente pela Happy Science no Japão, em 2002.

um estilo de vida proativo – ou seja, que procura antecipar futuros problemas e mudanças. Mas isso é bastante difícil; a maioria dos indivíduos incompetentes tende a ficar para trás. Raramente os de estilo proativo são incompetentes. Os competentes são em geral proativos.

Há também casos de indivíduos que se antecipam, mas erram com frequência, porém isso só ocorre com pessoas que têm uma péssima intuição. Em geral, aquelas que agem com antecedência são competentes.

Os incompetentes sempre deixam para resolver tudo em cima da hora e trabalham em estado de pânico. Para que isso não aconteça é importante acumular reservas, agindo sempre por antecipação.

Como solucionar os problemas causados pela exaustão: estilo de vida proativo e repouso

Ao observarmos a vida por uma perspectiva antecipada, surge um fator importante, que é o estado de saúde da pessoa. Ainda no Capítulo 9 de *Trabalho e Amor*, citei que 80% dos problemas da vida despareceriam se não houvesse a estafa. De fato, a maioria dos problemas dos homens de negócio surge como consequência do cansaço.

Portanto, quando você se sentir desanimado e pessimista, faça uma autoanálise e tente perceber se você não está exausto. Saiba que não vale a pena ter uma vida pessimista por causa do cansaço e, além disso, correr o risco de ir para o Inferno[9].

Para prevenir a exaustão, tente mudar seu estilo de vida e comece a agir com antecipação. Procure sempre ter um tempo de reserva, além de se fortalecer fisicamente.

Em *Trabalho e Amor* ainda mencionei que é muito importante você dar ao corpo o repouso suficiente antes de se esgotar fisicamente. Há indivíduos que se esforçam até ultrapassarem os próprios limites físicos, o que às vezes pode trazer consequências negativas, como precisar se internar por ter a saúde danificada. Talvez eles queiram apenas mostrar que se esforçaram tanto a ponto de serem internados; mas, ao pensarmos nas consequências negativas dessa atitude, é melhor fornecer ao corpo o descanso necessário.

É importante repousar antes que você acabe caindo de estafa e superar aquele sentimento de "Tenho de fazer!" que costuma perseguir as pessoas. Descanse! O excesso de trabalho pode ser algo negativo. E até no campo dos estudos o excesso causa queda de rendimento.

Os cuidados físicos também são necessários. Porém, o mau estado da saúde pode não ser apenas devido a algum fator físico, mas ser causado por estresse psicológico. O estresse é algo real e, nesse caso, o repouso é essencial. Certa vez, eu tive dores de garganta constantes, e durante aquele

---

9 Para saber mais sobre o Céu e o Inferno, consulte as obras *As Leis da Eternidade*, *As Leis Místicas* e *A Verdade sobre o Mundo Espiritual*, da Happy Science.

período minha voz não saía bem. Então, numa viagem ao exterior, tirei um dia de repouso. E bastou um dia para tomar um banho de sol e ver o mar para me curar.

Isso ocorre com frequência. Se você quer aumentar seu rendimento no trabalho, é importante ter a coragem de introduzir períodos de repouso ao longo de um ano para que você possa continuar executando suas funções da melhor forma. Sem isso, seu rendimento irá cair e haverá a queda no seu desempenho. É preciso aceitar esse fato.

Depois de descansar por um ou dois dias, você irá voltar a produzir ainda mais. Continuar trabalhando com o espírito de um miserável produz um resultado extremamente negativo. Devemos almejar maximizar a colheita ao longo de toda a vida.

Estas foram minhas considerações baseadas na teoria de recursos humanos que consta em meu livro *Trabalho e Amor*, e aborda os temas: "Os três métodos para entregar sua vida ao trabalho", "Relacionamento interpessoal para se tornar um grande líder" e "Como estudar a psicologia humana". Essa obra contém uma ampla gama de princípios. Além dos temas abordados, ela também traz várias dicas para diferentes questões relativas ao mundo dos negócios. Ao dominar os temas daquele livro, certamente você vai conseguir conquistar o sucesso na vida.

Capítulo 3

Mensagem ao presidente de uma empresa pequena

~ Conceitos para expandir ao máximo
o potencial do executivo ~

MENSAGEM AO PRESIDENTE DE UMA EMPRESA PEQUENA

1

Observar o sofrimento do gestor

O presidente de uma empresa pequena precisa ter uma competência polivalente

No presente capítulo, pretendo dar conselhos aos presidentes de empresas de pequeno porte.

Nas grandes empresas, com frequência o gestor é capaz de administrar de modo eficaz, e para isso precisa ter somente uma alta competência gerencial, pois a organização é sólida, dispõe de patrimônio suficiente e o capital humano[10] é grande.

No caso de uma empresa pequena, não basta apenas a competência gerencial. O gestor precisa ser polivalente e ter conhecimento de diferentes aspectos de um negócio que talvez seja sua razão de viver e até mesmo a maior alegria de sua vida, mas que da mesma forma pode constituir um aprimoramento espiritual dos mais difíceis e sofridos.

---

10 O "capital humano", conceito criado pelo economista norte-americano Theodore W. Schultz (1902-1998) na década de 1950, é o conhecimento dos colaboradores, suas capacidades de desenvolverem determinadas atividades e de realizarem o trabalho de modo a produzir valor econômico, inovação e diferenciais para a empresa. O departamento de Recursos Humanos, ou RH, é a área da empresa que, entre outras funções, gerencia o capital humano.

O gestor desse tipo de negócio, seja ele um homem ou uma mulher, com certeza passa por momentos difíceis, que incluem dores de estômago e noites maldormidas, mas são os sofrimentos típicos dos gestores. Já os funcionários, mesmo de um pequeno negócio, não sofrem tanto. Enquanto isso, o gestor de uma organização de pequeno porte sofre angustiado pensando se terá dinheiro suficiente para pagar os salários, se a empresa não vai falir, se vai conseguir crescer, se o investimento em novas áreas vai dar certo, se a fábrica vai funcionar e assim por diante.

Tenha consciência da posição dos funcionários que não compreendem o sofrimento do presidente

É bastante comum os gestores procurarem um caminho na religião, pois esse tipo de profissional costuma trazer dentro de si uma grande carga de sofrimento. Muitos empresários e gestores empresariais fazem parte da Happy Science.

Por outro lado, às vezes os funcionários da companhia não entendem por que os gestores buscam o caminho da religião, pois não sofrem tanto a ponto de não conseguirem dormir à noite. Com certeza, os participantes dos nossos seminários voltados para empresários e gestores se sentem frustrados com essa situação: "Eu ando sofrendo tanto, buscando soluções, pensando em encontrar uma luz de esperança, mas meus funcionários não estão nem um pouco preocupados. Eles só pensam no salário e nas folgas semanais, ou, quando muito, em como atingir as metas".

Há até mesmo funcionários que demonstram insatisfação, criticam a empresa e falam mal do presidente quando ele resolve ingressar na Happy Science e participar das nossas atividades. É natural que isso irrite os gestores, que ficam indignados pela falta de compreensão dos funcionários. No entanto, eu costumo dizer a esses gestores: numa empresa pequena, com até cem funcionários, não há ninguém que possa substituir o presidente. E é natural que os funcionários não entendam o sofrimento do presidente tampouco suas decisões. É preciso se conscientizar disso.

2

A capacidade do presidente sela o destino da empresa

A empresa crescerá proporcionalmente à capacidade do presidente

Num certo sentido, não há exageros em dizer que o destino de uma empresa depende 99% de sua alta administração. Assim, em vez de condenar o trabalho insuficiente dos funcionários, a alta administração deve cobrar a capacidade e a responsabilidade de si própria.

Numa empresa pequena, quando ocorrem vários problemas, em geral a causa pode ser atribuída unicamente ao gestor. Sobretudo quando ele tem um pensamento errado, não há como corrigir a empresa. Portanto, o limite de capacidade do presidente é o próprio limite de crescimento da empresa. Ou seja, o tamanho de uma empresa é definido pelo tamanho da capacidade do seu presidente.

Essa conclusão talvez pareça triste, mas também pode ser um aspecto positivo porque, enquanto o crescimento de sua empresa estiver de acordo com a sua capacidade, você mesmo poderá continuar defendendo aquilo que construiu.

Se uma empresa cresce mais do que a capacidade do seu presidente por meio de forças externas, o próprio presidente pode ser excluído do quadro de funcionários, e isso seria uma infelicidade para a pessoa. Se o gestor quiser fazer a empresa crescer por si só, deverá aumentar a própria capacidade.

A gestão é uma reinvenção diária

Um gestor deve ser um indivíduo estudioso e capaz de desenvolver novos métodos no seu trabalho diário, acumulando invenções que poderiam ser consideradas "iluminações na gestão empresarial". A boa gestão é uma redescoberta diária e um acúmulo de descobertas.

Em outras palavras, é um fluxo contínuo de reinvenções: inventar novos produtos e novos métodos de vendas, explorar novos canais de vendas, desenvolver técnicas de propaganda e promoções, desbravar novas redes de contato, pensar em como vender mais ou aumentar a eficiência mudando os processos internos ou ainda estudar maneiras para aumentar os lucros analisando o balanço. São pequenas coisas, mas cada uma delas seria uma invenção, e o objetivo de uma pequena empresa é acumular essas invenções. É assim que se deve pensar.

Antes de mudar os funcionários, mude a si próprio

Na seção anterior, afirmei que é comum um gestor buscar um caminho na religião. Numa empresa pequena, muitos dos funcionários são familiares ou parentes, e é comum também um gestor sofrer por não conseguir fazer com que essas pessoas compreendam sua religiosidade.

Num certo sentido, porém, essa reação é esperada, pois são bastante frequentes os casos de pequenas empresas que fracassaram devido a gestores que se tornam fanáticos religiosos. Por exemplo, no caso de um gestor que seja membro da Happy Science, talvez ele esteja se lamentando por achar que seus funcionários têm pouca espiritualidade.

Entretanto, antes de se lamentar, o próprio gestor e presidente está sendo questionado pelos funcionários: "Quanto o senhor evoluiu espiritualmente depois de aprender os ensinamentos da Happy Science? Em que medida houve aumento da sua competência? Quanto sua empresa cresceu e teve sucesso?".

As pessoas costumam acreditar em gestores que acumulam resultados; portanto, a chave para conquistar a compreensão dos funcionários está no sucesso e no crescimento empresariais por meio dos estudos e das práticas dos ensinamentos da nossa instituição. Só isso fará com que os funcionários acreditem nas palavras do presidente.

Não tem sentido querer responsabilizar a falta de espiritualidade dos funcionários pelos maus resultados da empresa. É preciso considerar que o reconhecimento só ocorre quando há resultados reais. Além disso, uma empresa é um mundo regido pelas regras sociais e econômicas, tais como os relacionamentos comerciais com clientes e fornecedores. E, portanto, é preciso consolidar certo nível de competência operacional. De fato, é fundamental rever e elevar o nível técnico e operacional de sua empresa. Em suma, é preciso se conscientizar de que o gargalo talvez esteja no próprio presidente.

Antes de mudar os funcionários, é preciso mudar e melhorar a si próprio. Eis o caminho para fazer a empresa se desenvolver.

3

Numa empresa de pequeno porte, a gestão familiar não é algo ruim

Numa pequena empresa, a esposa do presidente assume um papel fundamental

Eu comentei anteriormente que a capacidade da alta administração determina em 99% o crescimento da empresa. Para ser mais exato, devemos incluir a esposa do presidente na alta administração pois, numa pequena empresa, com até cerca de cem funcionários, ela tem um papel fundamental. Sem o apoio da esposa, é praticamente impossível alcançar o sucesso nos negócios.

    Eu creio que a maioria dos empreendedores já está casada quando abre o próprio negócio, e é uma questão de muita sorte poder contar com uma esposa participativa e competente. Numa empresa pequena, com frequência a esposa é uma boa parceira de conversa e uma conselheira do presidente, além de poder cuidar da área financeira e contábil, porque, nesse tipo de negócio, ela seria a única pessoa confiável para cuidar do dinheiro. Entregar as finanças a um estranho é arriscado, pois o empresário pode ser vítima de falcatruas ou até mesmo correr o risco de que levem embora todo o seu dinheiro.

O primeiro colaborador valioso do presidente é a esposa. Se ela for competente, é garantia de sucesso para a vida toda, e o gestor deve deixar muito clara sua gratidão, reconhecendo devidamente o trabalho e a competência dela.

Numa empresa pequena, é difícil recrutar bom capital humano, a não ser entre familiares

Além da esposa, há casos em que os irmãos ou os filhos do gestor desempenham funções importantes na estrutura do negócio, e isso não é motivo de vergonha. A maioria das empresas japonesas é de administração familiar.

A realidade é que, em empresas pequenas, é muito difícil conseguir funcionários confiáveis, a não ser entre familiares. Numa grande empresa, é possível recrutar diversos candidatos e montar um quadro de pessoal de nível elevado, mas os bons profissionais raramente vão trabalhar numa empresa pequena. É extremamente difícil ter empregados de alto nível que sejam capazes de compreender as ordens da alta administração.

Numa empresa com cerca de dez a vinte funcionários, a maioria deles é de um nível tão sofrível que, numa conversa com o presidente, mal consegue diferenciar uma ordem de uma consulta ou de uma simples conversa casual. Esses indivíduos não conseguem fazer nada enquanto não ouvem uma ordem explícita: "Esta é uma ordem de trabalho; faça assim!". E, numa conversa de consulta, o gestor precisa dizer: "Esta é uma consulta; quero saber sua opinião!". São muitos os funcionários que serviriam apenas para ocupar cargos mais simples, como o de um office boy.

Em meio a esse tipo de profissionais, a presença de uma esposa que compreende o pensamento e a psicologia do presidente é muito gratificante. É também extremamente gratificante quando o gestor tem filhos que se oferecem para ajudar. Diversas empresas entram em falência porque os donos não contam com sucessores. Portanto, você deve ser muito grato se estiver nessa situação. Por outro lado, os sucessores também devem ter um profundo sentimento de gratidão por terem tido um pai que fundou a empresa e assim poderão dar continuidade aos negócios.

A alta administração deve aumentar sua capacidade aprimorando-se espiritualmente

Em uma empresa pequena é quase impossível ter funcionários brilhantes e em abundância. Além disso, não se pode esperar que pessoas não tão competentes consigam expandir seu potencial de forma rápida e intensa por meio de treinamento. Por isso, a alta administração deve procurar duplicar ou triplicar a própria capacidade.

Estudar os ensinamentos de uma correta religião como a Happy Science também é uma forma de aprimorar-se espiritualmente para se tornar um bom presidente. Adquirir pensamentos profundos e filosofias, expandir a visão de vida e participar dos seminários de gestão empresarial da Happy Science é como realizar uma obra de fundação para construir uma grande empresa ou fazer um investimento em atividades de Pesquisa & Desenvolvimento.

Como qualificação, obviamente é necessário que a alta administração demonstre competência profissional, mas isso não é suficiente. Ela terá de chefiar vários funcionários e precisa ser uma pessoa digna. Além disso, deve possuir uma ampla experiência de vida, bom caráter e credibilidade junto aos demais. Por isso, o aprimoramento religioso é um aspecto de extrema importância para um gestor.

4

Os pontos-chave da gestão numa empresa de pequeno porte

Pesquisar e pensar sempre no ganha-pão

Na administração de uma pequena empresa, o gestor deve se concentrar em primeiro lugar no produto ou serviço que pode assegurar o sustento do seu negócio. Ele precisa ter em mente perguntas como: "Que tipo de produto garante a renda?", "Que tipo de serviço gera receita de vendas?", "Do que os clientes estão precisando?".

Ponto-chave 1:
GARANTIR A FONTE DE RENDA

É fundamental que o gestor pense constantemente na fonte de renda, mesmo enquanto assiste à tevê, lê revistas e jornais, conversa com outras pessoas, lê relatórios ou realiza outras atividades. Para a alta administração de uma pequena empresa, garantir a fonte de renda é essencial.

O ponto mais importante é encontrar o ganha-pão; depois, é preciso pensar em como aumentar o faturamento, fazendo com que muitas pessoas comprem e usem o seu produto ou serviço. As questões do tipo: "Qual é a fonte de renda da nossa empresa?", "Como descobrir ou desenvolver uma nova fonte de renda?" são equivalentes à prática da meditação zen: é preciso criar, pensando, pensando e pensando profundamente.

Numa empresa pequena, a principal capacidade da alta administração é descobrir ou inventar produtos ou serviços de sucesso, que sejam vendáveis, fazer um planejamento infalível, testar sabores, formas, cores ou tamanhos impecáveis. A força do instinto que diz o quanto aquele item vai vender e quanta renda ele pode gerar é a própria qualificação para ser presidente de uma empresa.

Ponto-chave 2: CONSTRUIR A ORGANIZAÇÃO

A construção da organização pode ser feita no estilo *scrap and build*[11]

Primeiro, você precisa criar uma fonte de renda; depois, deve planejar as vendas para que muitos comprem o que você oferece. Uma vez que essa engrenagem esteja funcionando, será o momento de delegar a execução do trabalho a outras pessoas. Nesse ponto, será preciso construir a organização. O importante nessa fase é não se preocupar com o estilo da organização; basta se estruturar de acordo com as suas necessidades. Não é imprescindível criar vários cargos, como o de diretor ou gerente, só porque a maioria das empresas tem um quadro extenso. O que conta é

---

11 Refere-se à troca do velho pelo novo. Devido às frequentes catástrofes climáticas no país, os japoneses passaram a aceitar os ciclos de destruição e renovação como parte natural da vida. Surgiu assim a cultura conhecida como *scrap and build* (literalmente "descartar e construir"), que ficou evidente sobretudo no campo da construção civil e depois espalhou-se para outras áreas. (N. do E.)

estabelecer só o necessário para o seu negócio. Além disso, a maneira de montar a organização pode ser no estilo *scrap and build*, ou seja, destruir o que for desnecessário e construir o necessário. E, se algo não funcionar, destrua e construa um novo. Pode ser assim.

Ponto-chave 3:
TOMAR DECISÕES DE GESTÃO

Não tema as críticas: dê ordens de manhã e as revogue à tarde

Esse mesmo estilo também se aplica às decisões empresariais. O ambiente empresarial muda diariamente, e a cada momento chegam novas informações. Com base nelas, quando você perceber que precisa mudar de ideia, seja ousado, implemente as mudanças sem temer as críticas de que é volúvel e revoga à tarde as ordens dadas pela manhã.

Talvez você receba muitas críticas, como: "Que falta de integridade!" ou "O presidente não tem princípios". Mas o fato é que, na gestão de uma pequena empresa, basta que o resultado seja bom. O importante é optar sempre pelo sucesso. Se o resultado for bom, os funcionários deixarão de criticar o presidente e passarão a segui-lo.

Não se apegue demais ao estilo organizacional, às ordens dadas ou aos princípios administrativos. O que importa é almejar o sucesso. Mesmo que as ordens dadas à tarde contrariem as da manhã, se suas ponderações da tarde estiverem corretas, persista. Desde que isso leve ao sucesso, faça valer a nova decisão. Talvez os funcionários pensem: "Nosso presidente não é confiável". Porém, o indivíduo não confiável é aquele que leva a empresa à falência. Enquanto o negócio não falir e o balanço estiver no positivo, deve-se considerar o presidente como confiável.

Na fase inicial do negócio, quando ainda não há profissionais altamente qualificados, contando com poucas informações e sem ter suficiente competência empresarial, as tentativas e os erros são inevitáveis. É preciso buscar sempre um método que leve a empresa a obter o melhor resultado. Se você encontrar um método que seja melhor que a ideia de uma hora atrás, não hesite em adotá-lo.

O importante é gerar resultados e conquistar a confiança das pessoas por meio dos resultados. O gestor deve procurar sempre uma maneira de gerar resultados cada vez melhores. Quando você começar a ter noites de insônia em busca destas soluções, então já poderá ser considerado um bom gestor empresarial.

Ponto-chave 4:
ELABORAR MANUAIS

Documente os conceitos e procedimentos de trabalho e delegue aos demais

Uma vez estabelecidos os processos e assim que eles começarem a funcionar de modo sistemático, como uma empresa, é preciso pegar essas tarefas que antes eram executadas pessoalmente pelo gestor e delegá-las para outras pessoas, tanto na área comercial como na divulgação.

Para isso, você deve pensar na preparação de manuais. Como mencionei no Capítulo 1, eles são necessários para estabelecer os procedimentos operacionais e permitir que as tarefas também possam ser executadas por outras pessoas; porém, o gestor precisa estar atento aos efeitos negativos do exagero ou do rigor excessivo ao seguir os manuais da empresa.

Quando a empresa chega a uma fase em que certo nível de sucesso já foi atingido, não se deve depender exclusivamente dos "instintos" do gestor. É preciso distribuir as tarefas entre os demais e, para isso, você deve organizar os procedimentos e conceitos do seu trabalho, mesmo que seja apenas uma simples descrição em tópicos.

Esses procedimentos transcritos em papel passam a ser o manual de operações da empresa. O nível de elaboração não precisa ser algo como "Valores da Empresa, Missão e Visão ou Regulamentos Internos[12]". E seu conteúdo deve ser revisto todos os anos. Ainda assim vale a pena preparar esse material. Mesmo que ele sirva por apenas três meses, é importante organizar de forma simples os procedimentos e conceitos dos serviços que o próprio presidente executava ou que pretende realizar. Você pode fazê-lo na sua casa após o expediente, de manhã bem cedo no escritório ou nas horas de folga ao longo do dia. Enfim, é preciso organizar as ideias. Além disso, suas ideias ficarão ainda mais claras quando forem passadas para o papel.

Durante a execução do serviço ou no momento de tomar decisões no dia a dia, raramente os funcionários levam em consideração o que o presidente gostaria que eles fizessem. Além disso, eles não conseguem compreender bem enquanto não ouvem diversas vezes as mesmas instruções. São incapazes de entender se o gestor não as repetir por três, quatro ou cinco vezes. Assim, as instruções repetitivas devem ser documentadas. É preciso fazer um esforço e imprimir os procedimentos necessários, fazer com que os funcionários os leiam ou até colem o texto na parede.

---

12 O autor explica que a elaboração do manual não deve ser uma tarefa tão complexa quanto definir os pilares de sustentação de uma empresa (Valores, Visão e Missão) ou redigir um manual de Regulamentos Internos.

Na fase de implantação da empresa, em geral o presidente é muito ocupado e talvez nem tenha tempo para organizar suas ideias. À medida que a empresa começa a girar por meio do trabalho de seus funcionários, o gestor deve organizar suas ideias, documentá-las e fazer com que os funcionários as leiam. Ademais, ele precisa inovar e renovar o seu conteúdo de tempos em tempos.

Uma vez que a comunicação verbal é insuficiente, o gestor deve anotar as instruções, entregá-las aos subordinados e ordenar que sejam cumpridas. Ele também deve orientá-los para que façam os relatórios por escrito. É de suma importância fazer com que a divisão de tarefas e os procedimentos operacionais sejam consolidados na empresa.

5

Conceitos sobre o lucro e o recolhimento de impostos

Recolher mais impostos significa um aumento dos lucros acumulados

Pretendo abordar agora o conceito sobre lucro. No Japão existe uma grande quantidade de empresas, e cerca de

70% delas são deficitárias. Algumas chegam a essa situação por simples incompetência, mas são muitas as que geram déficit para não recolher o imposto sobre lucros.

Para os gestores de pequenas empresas, a economia fiscal e as medidas antifiscalização são tarefas de extrema importância. Não se pode delegar aos subordinados o trabalho de argumentar com a Receita Federal ou a Secretaria da Fazenda. E, por isso, essa é uma tarefa muito delicada.

No entanto, mesmo numa empresa de pequeno porte, o presidente deve desenvolver uma nova habilidade. Ele tem de analisar os dados apresentados por um ou dois contadores contratados para administrar a empresa, mas, ao mesmo tempo, também precisa adquirir conhecimentos contábeis estudando por conta própria.

É essencial ter em mente este conceito sobre os aspectos fiscais: poder recolher impostos significa que a empresa está tendo um lucro equivalente ao dobro do valor dos impostos. Afinal, sem lucro não há como pagar impostos.

Muitos gestores almejam chegar a um balanço no ponto de equilíbrio – sem lucro e sem prejuízo – para não precisar pagar impostos sobre os lucros; contudo, esse estilo de gestão está apenas tendo gastos ou investimentos desnecessários. A prática exagerada de elisão fiscal pode acabar levando o gestor a praticar uma gestão negligente.

Há um provérbio que diz: "A quem trabalha Deus ajuda". Devemos priorizar o lucro todos os anos. Não há imposto maior do que o lucro. Devemos almejar sermos contribuintes que pagam impostos, pois o valor do imposto é a metade do lucro.

Se o valor do imposto aumenta a cada ano, significa que o lucro também está aumentando. Não há como acumular lucro sem recolher imposto, a não ser que a empresa sonegue. Se o imposto estiver aumentando, é porque o lucro acumulado também está. Não se esqueça disso.

Se você tem permissão para exercer atividades econômicas no seu país, vendendo para o seu povo, uma parte do lucro obtido deve ser revertido para a sua nação. O dinheiro circula pelo mundo, e o imposto que a sua empresa recolher acabará fluindo para os seus clientes. Devemos pensar que cerca de metade do lucro auferido nos empreendimentos deve ser revertido para recurso público.

Não digo que a economia fiscal deva ser condenada. É importante, sim, fazer economia racional. Contudo, estou dizendo que a empresa não prosperará se o presidente se envolver demasiadamente com a elisão fiscal.

Quem avalia o produto é o cliente

O dever do presidente é garantir uma fonte de renda, ou seja, descobrir ou inventar seu ganha-pão e, assim, promover sua venda e aumentar seu faturamento. Isso é tudo. O presidente deve pensar sempre nisso.

Em qualquer tipo de empreendimento, sempre existe o cliente. O mais importante é construir uma boa reputação e obter uma boa avaliação dos clientes. Quem avalia o produto não é alguém de dentro da empresa, e sim alguém de fora. Por mais que se diga que algo é uma grande invenção ou um produto maravilhoso, se não é vendável não vale nada. É preciso ser avaliado pelos clientes que compram o produto.

Portanto, o inimigo não está na Receita Federal, e sim no mercado. É preciso se conscientizar de que a prosperidade da empresa depende de convencer e conquistar o cliente.

6

Nas decisões empresariais difíceis, desenvolva uma mente inabalável

Medidas para repor o capital humano conforme a empresa cresce

Numa empresa pequena, o presidente constitui seu bem mais precioso; porém, à medida que o negócio se desenvolve, começam a ingressar mais funcionários, compatíveis com o seu porte. E, assim, a estrutura interna vai se consolidando de forma gradual. Entretanto, ao longo desse processo talvez surjam situações nas quais você se veja forçado a tomar medidas drásticas em relação às pessoas que estão com você desde o início mas não têm a competência necessária. Na verdade, isso só ocorre com empresas em expansão, e devemos ficar felizes por aquelas que estão em franco crescimento, pois a maioria delas opera em rotinas entediantes por muitos anos.

Em relação aos indivíduos que contribuíram na fase inicial e que já não são tão eficientes agora que o tamanho do negócio aumentou de cinco a dez vezes, você deve decidir pagar-lhes um salário adequado, mas não lhes atribuir subordinados. Ou seja, o importante é não aumentar os danos à empresa.

Claro, se a pessoa manifestar o desejo de ser desligada, devemos propor seu desligamento com a devida recompensa financeira. No entanto, é preciso se conscientizar de que faz parte do trabalho da alta administração realizar esses ajustes penosos para que a empresa possa romper essa barreira e partir para uma nova expansão.

O presidente deve ser perspicaz, duro e sábio

O mesmo pode ser dito em relação aos familiares. A empresa, que antes era administrada pelo casal, pelos pais e filhos ou pelos irmãos, à medida que cresce pode passar por problemas de gestão decorrentes da pouca habilidade dessas pessoas.

Trata-se de uma decisão difícil a tomar, sobretudo quando os irmãos passam a assumir o papel de rivais. Contudo, o fundamento é o mesmo. Se lhes falta competência, o fundamental é não prejudicar os negócios — evitando inclusive delegar subordinados a alguém incompetente —, mesmo que para isso você precise dividir os lucros ou conceder vantagens financeiras. E, quando for muito difícil chegar a um consenso, talvez o melhor a fazer seja até dividir o patrimônio.

Sem essa frieza e a habilidade de decisão baseadas na razão, você não estará preparado para se manter na alta administração e, cedo ou tarde, acabará se arruinando.

De qualquer modo, para ser bem-sucedido como gestor é preciso encarar as decisões empresariais difíceis como uma oportunidade de Iluminação e, assim, desenvolver uma mente inabalável.

Não é possível se manter como presidente de uma empresa, por mais que seja pequena, sem a perspicácia, a dureza e a sabedoria necessárias.

Capítulo 4

Teoria da liderança invencível

~ Como crescer e ter uma empresa com
mais de mil funcionários ~

1

O pensamento vencedor como uma "filosofia para se tornar um ser humano completo"

Neste capítulo farei comentários sobre a obra *Pensamento Vencedor*[13]. Tal como *Trabalho e Amor*, que mencionei no Capítulo 2, vou fazer uma abordagem sob a ótica de um gestor, pois aquele livro é voltado para o público em geral e não foi escrito especificamente para gestores.

Ambos os títulos são úteis como material introdutório da Happy Science. Se alguém lhe perguntar, por exemplo, o que se aprende na Happy Science, você pode dizer que é uma instituição que ensina, tal como consta no livro *Pensamento Vencedor*, que na vida não existem derrotas. Para os intelectuais, você pode dizer que a Happy Science mostra como fazer parte da superelite da sociedade, com base no conteúdo do livro *Trabalho e Amor*.

O pensamento vencedor é uma filosofia para se tornar um verdadeiro vencedor na vida, na qual o indivíduo adquire aprendizado com as experiências tanto de sucesso como de fracasso. Nesse livro, meus pensamentos são apresentados com bastante clareza, e os ensinamentos

---

[13] *Pensamento Vencedor*. São Paulo: Editora Cultrix, 2006.

básicos da Happy Science e suas características podem ser compreendidos com facilidade.

Nos fundamentos e na forma de atuação da Happy Science há conceitos bastante positivos e construtivos. E não se trata de simples otimismo barato, pois suas características principais baseiam-se na filosofia para se tornar um ser humano completo, que incluem a prática da autorreflexão. O pensamento vencedor é um método para desbravar os caminhos da vida que serve para todas as circunstâncias (ver o quadro da página 149 sobre a diferença entre o "pensamento positivo" e o "pensamento vencedor").

2

O gestor deve ter consciência do poder de influência do seu pensamento

A empresa jamais será maior que a capacidade da alta administração

A primeira parte do *Pensamento Vencedor*, "A fonte da vitória", traz um conteúdo denso e profundo. No início dessa parte, analisei quais são as qualidades necessárias para os líderes. O gestor precisa ter consciência de que o crescimento da empresa é determinado pelo modo de pensar da alta administração; esse aspecto é de suma importância.

Se a capacidade da alta administração for baixa, por mais que conte com bons subordinados, a empresa jamais conseguirá realizar um bom trabalho. E o inverso também é verdadeiro: por mais que os profissionais do baixo escalão sejam incompetentes, se a alta administração tiver competência os demais também irão gradativamente se tornar competentes.

Assim, o modo de pensar ou decidir do gestor tem um poder de influência extremamente grande em toda a estrutura. Existem diversos níveis numa empresa, e a conduta também muda de acordo com o tamanho da organização; no entanto, nos casos de empresas individuais ou de pequeno e médio porte, o quanto ela cresce depende quase que exclusivamente da capacidade e do caráter de seu presidente. No Capítulo 2 deste livro, "Como se tornar um autêntico líder", eu mencionei que uma empresa não cresce mais do que a capacidade da alta administração.

Ao observarmos de forma objetiva o ritmo de desenvolvimento da empresa, conseguimos avaliar a capacidade da alta administração. Por outro lado, é justamente por causa dessa compatibilidade entre tamanho e competência que a alta administração consegue ser feliz.

De qualquer modo, quando se pensa em fazer a empresa crescer mais do que sua capacidade atual, não existe outra maneira a não ser elevar a capacidade da alta administração por meio do autoaprimoramento.

Numa micro, pequena ou média empresa, a gestão autocrática é mais bem-sucedida

Nos livros de gestão empresarial disponíveis no mercado, existem muitos conceitos sobre gestão democrática (ou participativa). Nas teorias ocidentais sobre a gestão empresarial, discute-se muito a importância dos conceitos de delegação e definição de responsabilidades na gestão democrática, na qual os funcionários têm voz ativa e participam das tomadas de decisão.

Entretanto, esses conceitos são praticamente inaplicáveis nas empresas individuais ou de pequeno e médio porte, pois, quando utilizados, o fracasso é quase inevitável. Por quê? A gestão democrática – ou gestão que reúne as ideias e opiniões dos funcionários – baseia-se no conceito de que a responsabilidade é de todos e que todos são gestores. No final, acaba se tornando uma gestão em que a alta administração não assume a responsabilidade.

Porém, funcionários são funcionários e só conseguem ver a empresa pela ótica de um empregado. É inviável cobrar desses indivíduos decisões sobre a gestão da empresa como um todo, pois estas são incompatíveis com a função que desempenham. Eles só enxergam as coisas de acordo com sua ocupação na estrutura do negócio. Por mais que se juntem ideias desse nível, não se consegue tomar as decisões empresariais corretas.

A gestão democrática é uma invenção para se adequar às pressões sindicais ou para que a alta administração fuja de sua responsabilidade. Ela pode ser aprovada pela mídia, mas não é compatível com a realidade empresarial.

A gestão autocrática costuma ser detestada; no entanto, constitui o modelo mais bem-sucedido no caso de micro, pequenas e médias empresas. A razão do sucesso é por ser um regime em que a alta administração assume sozinha a responsabilidade pelas decisões.

Conforme a empresa vai se expandindo, mais decisões são tomadas em grandes reuniões e, por isso, fica difícil afirmar qual é o melhor modelo. Mas, no caso das pequenas e médias empresas, uma coisa é certa: a tomada de decisão se torna muito rápida no modelo de gestão autocrática porque, em geral, as grandes reuniões são muito demoradas e as discussões não evoluem.

Outra vantagem da gestão autocrática é a rápida adaptação às mudanças ambientais. As pequenas e médias empresas sofrem um grande impacto com leves mudanças ambientais. Quando se perde tempo em coletar as opiniões de todos, a empresa pode acabar cometendo graves erros.

Esse tipo de gestão costuma ter má reputação; porém, ao observarmos os aspectos positivos, pode-se dizer que se trata de um estilo que valoriza a liderança ao máximo. No Japão, há um número enorme de empresas de gestão familiar. Em geral, a impressão que se tem delas não é boa. No entanto, no caso das de porte mediano, a tomada de decisão é muito rápida e, portanto, não é algo tão ruim.

Quando a empresa cresce acima de certa escala, a única coisa que muda é que as decisões não serão tão rápidas. Ou seja, quando ela possui até 300 funcionários, a capacidade e a liderança da alta administração são praticamente decisivas para o sucesso do negócio. Por mais que se admitam profissionais competentes, se a alta administração não for capaz de aproveitar o seu potencial, a empresa não crescerá. A capacidade da alta administração é tudo.

Não fazer a empresa crescer além da capacidade da alta administração também é um método válido

Em uma empresa de porte médio, é comum encontrarmos um presidente que seja também um especialista com o estilo de um artesão. Nesse caso, quando a empresa se torna mais ampla, o crescimento pode superar a capacidade de gestão da alta administração.

Quando o presidente é um especialista com o estilo de um artesão, talvez ele não seja capaz de usar outros profissionais por não conseguir realizar o próprio trabalho de forma diferente. Nessas circunstâncias, é frequente haver um colapso por falta de capacidade para gerir uma empresa maior que certo nível.

    Portanto, esse tipo de gestor precisa ter consciência de seus limites em sua capacidade administrativa. Assim, uma das maneiras é procurar realizar uma gestão de alto nível dentro do âmbito da sua felicidade. Nem sempre ser uma grande empresa é prova de desenvolvimento. O importante é realizar uma gestão de alto nível dentro do âmbito em que se consegue maximizar o seu potencial.

3

Os cuidados necessários na sucessão empresarial

Identificar a capacidade de gestão da segunda geração

Muitos gestores desejam que seus filhos sejam seus sucessores na empresa; porém, é preciso identificar a competência desses indivíduos. O fundador provavelmente montou a empresa com muito sacrifício, e sua capacidade de gestão já está relativamente desenvolvida. No entanto, os filhos geralmente foram educados com bastante mimo, não passaram por tantos problemas e, ao assumirem a sucessão, acabam levando a empresa à falência. Ou então, essa situação pode ocorrer na terceira geração. É bastante frequente a falência de uma empresa na segunda ou na terceira geração pelo fato de os sucessores desconhecerem os sofrimentos do fundador.

Se você pretende fazer com que seu filho assuma o comando dos negócios, deve pensar profundamente a respeito do que ele é capaz de administrar. Vale a pena antever essa situação, pois, se o tamanho da empresa ultrapassar o limite da capacidade de seu filho, você deve estar ciente de que o negócio acabará sendo transferido para terceiros.

Quando se trata de uma empresa de certo porte, um grande número de pessoas depende do salário que recebe. Nesse sentido, o empreendimento passa a ter uma função social e já não pertence mais a um indivíduo. É preciso levar isso em consideração.

Os conceitos de gestão variam de acordo com o porte da empresa

Há outras considerações importantes sobre a educação da segunda geração. Depois de passar por várias dificuldades para consolidar seu negócio, o fundador muitas vezes proporciona ao filho uma educação de alto nível e faz com que ele ingresse numa grande organização para aprender a administrar. Contudo, há casos em que esse filho, depois de passar um período em uma grande organização, ao assumir a sucessão introduz na empresa do pai os métodos de gestão que aprendeu, e acaba levando-a à falência.

As empresas grandes possuem um amplo sistema consolidado e têm muitos métodos que são incompatíveis com as de pequeno e médio porte. Por mais que se tente imitá-las, praticamente tudo acaba falhando. A segunda ou terceira geração começa a investir em novos equipamentos e implantar novos processos, imitando as grandes empresas, e no final acaba levando o negócio familiar à falência.

O pai aceita as ideias do filho, que o convence dizendo que na grande empresa funciona assim. Como consequência, frequentemente os negócios começam a ir mal, os funcionários acabam se desmotivando e a empresa pode se tornar imprestável.

O fundador fica intrigado, pois acredita ter educado e proporcionado experiências suficientes ao filho, mas os resultados não condizem com a expectativa. Contudo, é preciso saber que existem conceitos e padrões comportamentais compatíveis para cada porte de empresa.

Além desse tipo de erro, é comum o presidente de uma empresa pequena ou média querer contratar profissionais de grandes empresas porque não está encontrando a qualificação necessária em seus funcionários. Entretanto, com frequência essa busca não é bem-sucedida.

Por exemplo, um gestor contrata um gerente comercial oriundo de uma grande companhia e acredita que agora sua empresa vai crescer. Mas na prática ela não prospera e, no final, o indivíduo é demitido. Por que ocorrem fracassos desse tipo? Porque os conceitos válidos para as grandes empresas não servem para as pequenas e médias.

Numa grande empresa, os poderes dos profissionais são delimitados minuciosamente e estes funcionam como peças de uma engrenagem. Enquanto isso, numa empresa pequena ou média, os funcionários precisam demonstrar competências polivalentes e desempenhar diferentes funções. Não lhes são exigidos conhecimentos profundos, mas sim múltiplas competências.

Os profissionais competentes de grandes empresas possuem conhecimentos profundos em áreas muito específicas e restritas, e, por isso, suas habilidades não são aplicáveis em qualquer tipo de negócio. Quando ingressam em pequenas ou médias empresas, eles costumam fracassar.

Portanto, ao almejar o crescimento, é importante adotar conceitos e um modo de pensar compatíveis com o porte de sua empresa, o qual, por sua vez, vai depender da capacidade e do talento do gestor. É preciso se questionar sempre: "Até que tamanho eu seria capaz de administrar?".

4

O ponto de partida de uma empresa é o "business"

O erro de mexer na estrutura interna da empresa esquecendo-se do "business"

Até o momento, abordei temas delicados e, considerando-os como ponto de partida, eu gostaria de dar orientações claras para fazer com que a empresa cresça.

Quando se inicia uma nova empresa, quais são os fatores necessários para a sua consolidação? Para fundar uma empresa não é preciso gestão e sim negócio (*business*). É fundamental consolidar o negócio. Fazer um negócio é vender algo e obter uma remuneração. Só assim ele se consolida; portanto, sem comprador, não há consolidação de negócio.

Sem comprador, cliente ou demanda, não se fecha um negócio. Este é o ponto de partida de qualquer atividade comercial. A empresa só é fundada quando passa a efetuar transações comerciais. Entretanto, quando a empresa ultrapassa certo limite, as pessoas começam a mexer em sua estrutura interna, esquecendo-se do business. Tem-se a sensação de estar praticando a gestão quando se mexe na estrutura organizacional; no entanto, isso é um grande engano.

Em primeiro lugar, existe o negócio. A empresa foi fundada por isso. Recebemos o "pão nosso de cada" dia graças aos clientes que compram o nosso produto. Ao vendê-lo geramos faturamento e, deduzindo as despesas, obtemos o lucro. Assim se consolida o negócio. Se os gastos forem maiores que as vendas, a empresa acaba falindo por excesso de despesas.

Um negócio se conclui quando se consegue lucro após deduzir os custos de produção, mão de obra, compra de materiais, transporte etc. Sem lucro o negócio não se completa. Esse é o ponto de partida.

A relação entre a sua capacidade e o tamanho da empresa

Depois, à medida que o negócio vai crescendo, já não é mais possível fazê-lo girar somente com o esforço de uma única pessoa. É preciso contratar funcionários. No início, a esposa do presidente se encarrega da contabilidade ou algo semelhante, uma funcionária fica no setor administrativo e contrata-se um vendedor.

Aos poucos vai se formando uma equipe de cinco a dez funcionários. Este é o tamanho que o presidente é capaz de administrar sozinho. Quando o número de funcionários passa para cerca de trinta, se o presidente for do tipo que não sossega se não acompanhar tudo pessoalmente, o limite de sua capacidade acabará se tornando o limite da empresa. Portanto, se você for uma pessoa que não se conforma enquanto não verificar tudo por si mesmo e que não consegue mudar essa característica, uma das maneiras de ser feliz é não aumentar o tamanho da empresa. Se aumentar, o próprio presidente vai ficar para trás.

Se as vendas aumentarem além do previsto e forem contratados mais funcionários, a empresa poderá entrar em colapso por falta de capacidade da alta administração e acabar falindo ou sendo adquirida por terceiros. Para evitar essa situação, você precisa identificar bem sua capacidade.

5

Como montar uma organização voltada para o crescimento

O presidente não deve se distanciar das áreas de finanças e de recursos humanos

Quando o número de funcionários sob supervisão direta do presidente passar de trinta, será o momento de estruturar a empresa. Se você não tiver capacidade para montar a organização, saiba que administrar um negócio com mais de trinta funcionários se mostrará uma tarefa cada vez mais difícil.

Quando conta com cerca de trinta funcionários, a empresa precisa de uma assistente administrativa para atender o telefone, controlar a agenda de visitas e cuidar da administração geral. Mas ainda não necessita de um executivo que cuide das operações.

Numa empresa desse tamanho, a esposa do presidente pode assumir a contabilidade. Porém, mesmo quando ela é altamente competente, seu limite é de até aproximadamente cem pessoas. Portanto, num certo sentido, você será feliz se sua empresa não crescer além desse ponto e você for do tipo que depende da esposa para manter a tesouraria, os carimbos e o dinheiro sob controle.

Quando a empresa cresce, não é mais possível mantê-la em funcionamento com a competência contábil da esposa. É necessário contratar um gerente contábil mais habilitado e, então, você vai precisar de alguém que não seja da família. Se você não tiver uma natureza capaz de delegar responsabilidades a terceiros, não conseguirá administrar uma grande empresa.

O que seria importante para uma empresa que passa de trinta para cinquenta, cem, duzentos ou trezentos funcionários? No caso de um indivíduo empreendedor, do tipo que se fez sozinho, é comum que ele não conheça nada além do seu produto. E, quando a empresa cresce, ele acaba delegando a outros as áreas que não são da competência dele. Como consequência, talvez ocorram fatos que impedirão o progresso futuro da empresa. Em outras palavras, eu gostaria de ressaltar que existem áreas que o presidente jamais pode abandonar. A primeira é a financeira. Não se pode abrir mão de acompanhar as entradas e saídas de caixa, o saldo bancário e o fluxo de caixa como um todo.

Outra área é a de recursos humanos. Esse setor jamais pode ser negligenciado enquanto a empresa tem de duzentos a trezentos funcionários. Quando se delega essa área, começa a se formar uma organização incompatível com os seus pensamentos. Portanto, o presidente deve trabalhar como um leão até que alcance a marca de trezentas pessoas.

Nesse ínterim, se perceber que sua capacidade se tornou um obstáculo para o crescimento do negócio, você precisa aceitar esse fato. Porém, deve buscar formas de aumentar sua capacidade; procure estudar, ouvir os relatos de outras pessoas e vivenciar diversas situações. A empresa não vai se expandir se você não acumular muitos esforços e passar por experiências capazes de lhe tirar o sono.

Tenha consciência de que o presidente não poderá se distanciar das áreas de finanças e de recursos humanos enquanto a empresa não atingir o porte de cerca de trezentas pessoas.

A alta administração deve ser capaz de decidir o que fazer com quem não acompanha o crescimento da empresa

A seguir, eu gostaria de analisar a maneira de montar uma organização ao longo do processo de crescimento de uma empresa para até cerca de trezentas pessoas.

Em sua fase inicial, quase sempre o presidente ainda não possui um grande ideal definido. Em geral, a maioria começa apenas pensando em garantir o ganha-pão, empregando irmãos, parentes, amigos e conhecidos.

Enquanto a administração é feita em pequena escala, não há problema. Porém, quando o número de funcionários chega a cem, duzentos ou trezentos, a capacidade dos colaboradores da fase inicial passa a cair em relação à demanda, e começam a surgir aqueles que são incapazes de acompanhar o ritmo da empresa. É quase certo que isso vai ocorrer. Claro, existem situações que fogem à regra. Por exemplo, Takeo Fujisawa[14], que era o sócio de Soichiro Honda e encarregado do departamento financeiro e administrativo, foi capaz de desenvolver sua capacidade no mesmo ritmo do seu sócio. É raro, mas acontece.

Em geral, não é isso o que vemos. Enquanto a empresa era pequena, no início, os colegas que começaram jun-

---

14 Takeo Fujisawa (1910-1988) e o engenheiro Soichiro Honda (1906-1991) fundaram a Honda Motor Co., empresa gigante do setor automobilístico.

tos eram compatíveis com seu tamanho. Porém, quando essas pessoas começam a subir de cargo por serem companheiras do fundador e o número de funcionários passa de cinquenta para cem, elas começam a ter dificuldade em acompanhar o crescimento do negócio. Por mais que resistam, quando a empresa chega a duzentas ou trezentas pessoas, não aguentam mais.

Por exemplo, se a empresa mantém como gerente ou diretor alguém que não sabe comandar seus subordinados, ela não conseguirá fazer bom proveito dos novos funcionários. Assim, é provável que a administração fracasse e o gestor passe inevitavelmente por uma fase muito difícil.

O surgimento de pessoas que tenham dificuldade em acompanhar esse crescimento é natural e até inevitável. A empresa cresce graças à capacidade da alta administração, mas nem sempre os companheiros do gestor são compatíveis para o cargo de assessor ou diretor quando esta chega a ter trezentos, quinhentos, mil ou dois mil funcionários.

Na fase inicial, é comum não haver recursos humanos compatíveis para o cargo de diretor de uma grande empresa. Se houver, será uma exceção. Por isso, à medida que a empresa se desenvolve, é inevitável que surjam pessoas incompatíveis. Esse é o maior sofrimento de um gestor.

Embora tenham trabalhado juntos por décadas e feito o negócio prosperar, se o presidente mantiver seus colegas como gerente contábil, de produto ou de vendas, a empresa não conseguirá crescer mais pela falta de capacidade dessas pessoas. Essa é uma fase que inevitavelmente virá.

Nesse momento, é necessário que o gestor analise a situação friamente e decida se deve cortá-las ou não. Se não for capaz de ter essa atitude, não deverá aumentar ainda mais a empresa. Sua capacidade como presidente ficará estagnada e, se a empresa crescer mais, será uma tragédia.

Para o gestor essa é uma decisão difícil, que pode afetar o futuro de centenas ou milhares de funcionários.

O divisor de águas entre pessoas capazes ou não de dirigir um negócio

Centenas de pessoas trabalham por décadas numa empresa e procuram garantir o próprio sustento, mas tudo pode mudar devido a uma única decisão da alta administração. Por isso, a gestão é um aspecto muito sério do mundo empresarial. Se o gestor for o tipo de pessoa que se preocupa em passar somente imagens positivas ou faz questão de ser bem-visto pelos outros, a empresa não conseguirá crescer mais. É melhor se conformar com o seu limite.

Diz um ditado popular que "cobra que não troca de pele morre". Para crescer, a cobra precisa trocar de pele; sem isso, ela não cresce. O mesmo ocorre com a gestão: é preciso aproveitar os recursos humanos do melhor modo para que as pessoas certas estejam nos lugares certos.

O ser humano tem o desejo de ser benquisto, o que é compreensível. Contudo, quando pessoas incompetentes se mantêm em cargos elevados e começam a causar problemas aos demais, o gestor deve decidir de modo frio e racional se deve cortá-las ou não do quadro de funcionários. E, para conseguir fazê-lo, o gestor também deve ter o seu lado frio e racional. Eis o divisor de águas entre pessoas capazes ou não de dirigir um negócio. Quem não for capaz, deve desistir de ser um gestor bem-sucedido.

Que tipo de tratamento dar aos que contribuíram na fase inicial da empresa

Afinal, que tipo de tratamento devemos dar àqueles que contribuíram na fase inicial da empresa? Uma das formas é dar-lhes uma boa gratificação quando for demiti-los. A outra é dar-lhes um cargo compatível com a sua contribuição, remunerá-los bem e não lhes passar nenhuma atribuição importante. Só existem essas duas formas.

É muito constrangedor demitir alguém que deu uma grande contribuição; além disso, essa situação pode gerar rumores como: "Essa empresa não cuida dos seus colaboradores". Isso realmente abala o coração. Portanto, exceto quando a pessoa deseja se demitir, se possível tire-a do posto importante, pague um bom salário e considere esse gasto como uma perda. Por mais que gaste certa quantia por mês, não haverá um dano maior. Por outro lado, se você a mantiver num cargo importante, ela poderá gerar prejuízos milionários. Isso é real.

Por mais que o presidente pense em fazer algo a respeito, se houver algum diretor ou gerente incompetente, a vontade do presidente às vezes não chega até hierarquias inferiores. E como consequência pode haver prejuízos, redução do lucro pela metade ou as finanças entrarem no vermelho. Essa é a tragédia das pequenas e médias empresas.

Quando se trata de uma grande empresa, o capital humano é vasto; os funcionários que vêm galgando posições são indistintamente competentes e não ocorrem tantos erros e acertos. No caso de pequenas e médias empresas, por não terem tanto capital humano, sempre há erros e acertos. Os resultados variam muito de acordo com a competência das pessoas que ocupam os cargos importantes.

Em certos momentos, o gestor deve conter seus sentimentos pessoais. Se ele não for capaz de sacrificar uma parte para salvar o todo, não conseguirá fazer com que o negócio cresça. Alguns indivíduos afirmam que são incapazes de agir desse modo porque sentem que estão indo contra uma postura humanista, mas isso é presunção. Quem não é capaz disso não tem qualificação para responsabilizar-se pela sobrevivência de tantas pessoas.

Essa é uma situação semelhante à de um comandante que toma decisões levianas e leva sua tropa ao aniquilamento. O comandante não pode se eximir de tomar decisões austeras.

Com certeza, o maior obstáculo que um gestor deve superar – para fazer a empresa passar de micro para pequena, média e depois grande – é a luta para solucionar o problema de pessoas que não conseguem evoluir simultaneamente com o negócio. Sem isso não haverá crescimento.

Descubra novos talentos para um maior crescimento

O melhor capital humano é aquele adequado ao estágio de crescimento em que a empresa se encontra. Quando se trata de um negócio que ainda é pequeno e mantém apenas de cinco a dez funcionários, mesmo que venha de fora um profissional altamente competente, não haverá trabalho compatível; ele não terá oportunidades para exercer todo o seu potencial e isso não será bom nem para o profissional nem para a empresa.

Enquanto a empresa estiver praticando uma gestão familiar com poucos funcionários, a chegada de alguém competente demais poderá trazer infelicidade a essa pessoa e também para as que estão à sua volta. É preciso se conscientizar de que o capital humano deve ser compatível com o tamanho da empresa.

Assim, quando sua empresa atingir determinado porte e você quiser desenvolvê-la ainda mais, vai desejar ter pessoas de um nível mais elevado. O crescimento se interromperá se nesse momento você não souber descobrir as pessoas certas. Para proporcionar um progresso ainda maior, serão necessários novos talentos.

Ao longo do processo de crescimento da empresa, há duas tarefas de extrema importância para a alta administração: adotar medidas para solucionar o problema daqueles colaboradores que não conseguem evoluir com a empresa e "garimpar" novos talentos.

Os negócios só vingam quando há clientes – eis o ponto de partida

Quando o número de funcionários passa de cinquenta para cem e depois para trezentos, o gestor começa a mexer na organização e, aos poucos, acaba esquecendo qual foi o seu ponto de partida. É nessa fase que o negócio começa a ser negligenciado.

Quando o gestor se esquece do objetivo da gestão empresarial, ele começa a se empenhar em mexer na estrutura interna da empresa. E quando isso ocorre, as vendas caem e a rentabilidade também. Nesse caso, é preciso repensar para que, afinal, você criou a empresa. Esse momento de revisão inevitavelmente chegará. O objetivo certamente era servir ao cliente. O negócio só existe graças aos clientes e, portanto, é preciso voltar a essa origem.

Porém, quando observamos os profissionais da empresa, chegamos à conclusão de que nem sempre eles pensam assim. Embora no início os funcionários possam ter a mesma meta – fabricar um produto ou oferecer um serviço que deixe o cliente satisfeito –, à medida que a organização cresce começa a aumentar o número de colaboradores que trabalham apenas para receber o salário.

Esse é o momento de voltar às origens e fazer permear na empresa o princípio de que o negócio só existe graças aos clientes e à demanda. Não há oferta sem demanda. É preciso resgatar esses valores.

6

Romper os gargalos do desenvolvimento – para crescer e ter mais de mil funcionários

Rompa os limites quebrando paradigmas

A seguir, eu gostaria de analisar quais são os pontos importantes para que sua empresa chegue a ter mais de mil funcionários. O que é necessário nesse caso é o que se chama de "mudança de paradigma". Os paradigmas são esquemas fundamentais dos nossos pensamentos, isto é, padrões mentais, exemplos que servem como modelo. Sem mudar os paradigmas não é possível uma empresa crescer e chegar a ter mais de mil funcionários.

Todas as empresas possuem regulamentos e valores que determinam as diretrizes empresariais, os princípios da gestão e como deve ser a estrutura organizacional. Esses princípios devem mudar a cada fase de desenvolvimento da empresa. É preciso mudar de paradigma à medida que a empresa passa a ter, por exemplo, até trinta funcionários, de cinquenta a setenta, acima de cem, trezentos, quinhentos, até mil funcionários etc. A alta administração que não tem essa percepção não tem competência.

Para não perder a noção do negócio, é necessário que o gestor volte às origens. Porém, os padrões de comportamento ou o gerenciamento organizacional devem ser compatíveis com o seu tamanho; ele precisa ter a capacidade de mudar o conceito de acordo com o porte da empresa.

Não basta ter consciência de que algo está errado. É preciso saber o que está errado. Mas, afinal, qual é a coisa mais importante na mudança de paradigma? Quando o negócio prospera, em algum momento ele acaba se "chocando com o teto": todos sentem que ele chegou ao seu limite e que não se consegue avançar mais. A isso chamamos de "gargalo" – que representa a parte mais estreita da garrafa. Para que um líquido saia de uma garrafa, ele precisa passar pelo gargalo, e o seu diâmetro irá determinar o limite de vazão do líquido. Nas empresas também existem fatores limitantes do desenvolvimento, ou seja, os gargalos. O gestor deve pesquisar constantemente e identificar quais são os gargalos que impedem seu desenvolvimento.

Assim, sempre há novas descobertas em cada fase de crescimento. Sempre existe algum fator limitante. Ao superá-lo, é possível crescer mais. Passado algum tempo, surge um novo obstáculo e mais uma vez o gestor deve pesquisar como superá-lo.

Verifique se o gargalo não está na alta administração

CASO 1: Quando o gestor não enxerga a mudança na preferência do consumidor

Nessa busca, é preciso ser cuidadoso e ter a consciência de que muitas vezes o gargalo é o próprio presidente. Com frequência, são os pensamentos, o talento e a competência do presidente que formam os gargalos da empresa.

Um exemplo de gargalo é quando o presidente tem a ideia fixa de que o produto "tem de ser assim". Vamos ver o exemplo de uma doçaria.

No Japão do pós-guerra, o açúcar era considerado um produto de luxo. Houve uma época em que bastava um produto ser doce para vender. Conforme a economia cresceu, a preferência das pessoas mudou, elas já não consumiam o produto só por ser doce. Surgiu a necessidade de doces de baixa caloria, ou seja, de doces não tão doces.

No entanto, se o presidente passou pela época do pós-guerra, quando o açúcar era um produto difícil de obter, talvez ele continuasse considerando que um doce bom é aquele que contém bastante açúcar. Apesar da mudança no gosto ou na preferência do consumidor, ele não mudaria seu pensamento e manteria sua tradição. Na verdade, é isso que pode estar provocando a queda nas vendas. Assim, a não percepção da mudança da época pode ser o gargalo.

O mesmo acontece com os bolos. Há confeiteiros que se orgulham de usar muitos ovos, muito açúcar ou muita manteiga. Contudo, pode estar faltando atenção na qualidade da manteiga ou do açúcar, ou talvez os bolos estejam com uma consistência seca. Nas confeitarias fora dos centros urbanos, isso é bastante comum.

Por outro lado, nas doçarias mais frequentadas nos centros urbanos, vendem-se bolos com textura úmida. Nas confeitarias administradas segundo conceitos antiquados não existe essa percepção, e o gestor continua afirmando que "o nosso bolo é feito com bons ingredientes".

Desse modo, com frequência os pensamentos, gostos e preferências do presidente acabam sendo os fatores limitantes. Isso é falta de estudo. A alta administração deve ter consciência de que o seu pensamento pode estar obsoleto e que esse é o gargalo da empresa.

Empregar capital humano compatível com o tamanho da empresa

CASO 2: Quando só se consegue aproveitar os talentos preferidos pela alta administração

Existem outras situações em que a alta administração constitui o gargalo da empresa. Por exemplo, quando o presidente, mesmo sem escolaridade, tem um talento criativo e uma alta competência na fabricação de produtos, ele produz os próprios produtos e os vende, e o negócio existe por causa do seu talento pessoal.

Quando adquire esse tipo de experiência de sucesso, o presidente passa a ter a percepção de que escolaridade não é algo fundamental para o negócio. E isso está correto até certo ponto, pois, se basta concluir a venda, não há necessidade de escolaridade. Entretanto, se esse produto vender demais, o rumo será desastroso. Conforme os lucros aumentam, a organização continua a crescer; muitos profissionais são contratados e a empresa chega a ter centenas de funcionários. Quando alcança esse tamanho, passa a ser necessário um controle administrativo mais elaborado. Embora até então a empresa tenha sido administrada com o conceito de que basta entender de negócio, para se ter um melhor controle interno é preciso contar com profissionais com escolaridade elevada. Mas, se o presidente continua com a ideia de que "eu sempre fui assim", a gestão pode ir mal quando a empresa ultrapassar certo ponto. Esse é um fenômeno que ocorre com frequência quando uma empresa de pequeno ou médio porte se transforma em uma grande empresa. Quem só consegue usar os profissionais de sua preferência precisa mudar seus conceitos quando a empresa atinge determinado porte.

Um bom exemplo disso se deu na Panasonic. O fundador da empresa de eletroeletrônicos, Konosuke Matsushita, não concluiu a escola primária, e no início dizia: "Não precisamos de profissionais de alta escolaridade. Eles não se adaptam bem à nossa organização. Para nós bastam pessoas compatíveis com o nosso porte". Porém, quando chegou a ter 10 mil funcionários, a empresa não foi capaz de se manter sem os engenheiros graduados. Então, Matsushita também mudou de pensamento. Mesmo sem ter concluído o ensino fundamental, é preciso saber usar os profissionais graduados, pois sem eles não se consegue ser empresário de uma grande empresa. Desse modo, a alta administração deve servir-se de criatividade para mudar de pensamento de acordo com a expansão da empresa.

A organização não se desenvolve quando todos pensam do mesmo modo

> **CASO 3: Quando não se consegue usar bem o departamento administrativo**

Há ainda casos interessantes para analisarmos. Vamos supor que a capacidade do gestor é muito elevada e que a empresa realize um trabalho de altíssimo valor agregado com uma equipe reduzida, porém especializada e competente.

Se a empresa crescer de acordo com o aumento da demanda mantendo o mesmo tipo de pessoas, ou seja, indivíduos que têm pensamentos iguais, ela poderá ter dificuldades no seu giro operacional. Portanto, a alta administração precisa saber usar bem seus funcionários. Sem pessoal de apoio operacional e de rotinas administrativas, ela não conseguirá passar de determinado tamanho.

Essa situação é frequente em alguns hospitais, que são exemplos típicos de má gestão. Os hospitais têm uma alta rentabilidade, e por isso não entram em falência. Contudo, bastam algumas observações para ver que o sistema é muito ruim. A questão é que um médico não sabe identificar os problemas porque não tem estudado muito sobre a gestão.

Os médicos em geral são ruins no gerenciamento de pessoas. Eles acreditam que um hospital é mantido somente com médicos e enfermeiras. Entretanto, um hospital também é uma empresa e, se não houver um comando eficiente do departamento administrativo, o negócio não conseguirá se desenvolver.

É preciso contratar pessoas que pensam diferente de você, caso contrário a gestão não funcionará bem. Isso ocorre também em outros setores. Por exemplo, quando um grupo de advogados abre um escritório de advocacia, em geral, o negócio não prospera muito porque eles não estão habituados a gerenciar pessoas.

Portanto, a união de profissionais altamente competentes apenas num setor pode não dar certo. A combinação de pessoas é uma questão de alta complexidade.

7

Descobrir ou criar a necessidade do cliente

O imprescindível para fazer uma empresa crescer é descobrir qual é a necessidade do cliente e depois criar necessidades para o cliente. Esse é o fator mais importante. A primeira fase é descobrir a necessidade, perceber aquilo que é necessário para o mercado consumidor. A segunda fase é a criação da necessidade. É importante criar a necessidade, estimular a necessidade das pessoas.

Isso vale também para nossa organização. Antes de fundar a Happy Science, os distribuidores de livros e livrarias acreditavam que as obras de conteúdo religioso não vendiam mais do que 20 mil exemplares no Japão. Porém, todas as minhas publicações tiveram uma venda superior a esse número e o senso comum foi quebrado. Assim, tanto os distribuidores de livros como as livrarias mudaram sua forma de pensar e passaram a acreditar que livros religiosos são vendáveis.

Nesse caso, nota-se que ocorreu mais uma criação da necessidade, e não uma descoberta. Se antes se dizia que a demanda não chegava a 20 mil e agora ultrapassa, então houve a criação da necessidade.

E de que forma essa necessidade foi gerada? Nós instituímos a onda da "era da religião". Quando se gera um clima de que "não ler livros religiosos nos deixa excluídos da nossa era", a demanda aumenta.

Ao dar início a um empreendimento, o primeiro passo é descobrir a necessidade das pessoas. Deve-se vender o que é vendável, e não o que se quer vender. A premissa é descobrir a necessidade. E o segundo passo é avançar para a fase da criação da necessidade. A organização crescerá muito quando ingressar nessa etapa.

8

A visão de futuro do gestor prudente: enxergar apenas meio passo à frente

Tudo o que foi dito até agora são passos inevitáveis para o crescimento da empresa. Ou seja, é fundamental saber o que e como mudar em cada fase.

De qualquer maneira, conforme já foi mencionado, o desenvolvimento da empresa é definido exclusivamente de acordo com o pensamento da alta administração; depende da filosofia de vida e dos ideais do presidente.

Evidentemente, é bom quando a alta administração tem uma visão do futuro. Porém, existem diferentes tipos de visão. Dizem que o melhor é enxergar um ou dois passos à frente, mas há também quem acredite no conceito de que basta enxergar meio passo adiante.

Pode-se dizer que o gestor inteligente e prudente é aquele que pensa: "Basta enxergar meio passo, pois, se enxergar muito à frente, as pessoas não conseguirão seguir".

Quando o gestor enxerga longe demais, os outros não conseguem acompanhá-lo, além disso, esse tipo de postura exige grandes investimentos de alto risco. Talvez seja mais feliz aquele indivíduo que enxerga apenas meio passo.

9

Pesquise exaustivamente os sucessos e fracassos do concorrente

A seguir, vou abordar o tema relacionado à segunda parte do livro *Pensamento Vencedor*, "Revolucionando a sua perspectiva". Em qualquer ramo de atividade sempre existem rivais ou inimigos no mercado. Na verdade, isso é uma coisa muito importante e também gratificante. Seus rivais ou inimigos podem se tornar os fatores mais úteis para o crescimento de sua empresa. Estudá-los será a força motriz do seu desenvolvimento.

Dentre os seus concorrentes, alguns são maiores do que a sua empresa, e você precisa pesquisar exaustivamente de que maneira eles cresceram, investigar quais foram os fatores de crescimento e procurar aplicar tudo o que for possível.

Se a capacidade da alta administração de ambas as empresas for igual, basta você adotar o mesmo método de sucesso para obter o mesmo resultado. Portanto, você não deve negligenciar em absoluto o sucesso do concorrente, mas pesquisar até a exaustão o método que ele usou.

Dentre os concorrentes, sempre há aqueles que cometeram alguns erros. Vale a pena também investigar exaustivamente as razões dos fracassos. Ao fazer essa análise, você saberá nitidamente o que deve ser feito ou não.

E, em seguida, colocando-se no meio-termo, entre um extremo e outro, você deve pesquisar também por que seu concorrente conseguiu chegar onde está, mas não foi além. Qual seria o gargalo do concorrente?

Muitas vezes, o presidente de uma empresa não enxerga o gargalo que existe em seu negócio, mas este pode ficar bem visível para quem o vê de fora. Portanto, é importante avaliar por que o concorrente não conseguiu crescer mais.

10

O pensamento vencedor transforma tudo em sucesso

Pense em transformar o fracasso em um fator positivo

Eu gostaria de tratar de um aspecto específico do pensamento vencedor, embora não esteja diretamente relacionado à teoria de gestão. É sobre a maneira de encarar os fracassos.

Quando se obtém um sucesso, é relativamente fácil encontrar as razões que nos levaram a ele. Conhecer os fatores de sucesso também é fundamental. Porém, o mais importante é pensar em como transformar os fracassos em algo positivo, não deixando que eles se encerrem como experiências negativas.

Isso se aplica tanto às empresas como à vida pessoal. É essencial estudar cuidadosamente os métodos para transformar algo negativo em positivo. Com frequência, as fases de fracassos constituem períodos importantes de recarga energética. Quando a fase positiva dura um longo período, acabamos nos tornando negligentes e começam a surgir muitas falhas. Por outro lado, quando ocorrem fracassos regulares, é possível se recuperar. Isso também vale tanto para uma empresa quanto para o indivíduo.

As experiências de fracasso são uma boa oportunidade para você analisar profundamente seu interior ou rever a estrutura interna da sua empresa. Se ficar apenas estagnado na decepção, não terá nada para aprender.

O caminho para romper os gargalos: o poder do pensamento vencedor

Na quarta parte do livro citado anteriormente, "O poder do pensamento vencedor", eu afirmei que devemos sempre aplicar contragolpes, pois isso também é importante.

Quando algo negativo acontece, você precisa pensar se não tem como tirar proveito daquela situação. Ao colocar esse pensamento em prática, poderá colher muitos frutos. Se você acreditar que um fracasso não é simplesmente um fracasso e que ele pode ser uma lição de vida que os anjos querem nos ensinar, vai obter ensinamentos valiosos.

Assim como dizem que se pode aproveitar tudo da carcaça de uma baleia, o fundamento do pensamento vencedor é o mesmo: aproveitar tudo, tantos os sucessos como os fracassos. Em suma, o conceito do pensamento vencedor é aprender sempre com as experiências de sucesso e de fracasso, sejam elas as suas ou as dos outros.

Esse é o conceito de gestão da nossa instituição. Nossas atividades não são padronizadas, e procuramos mantê-las diversificadas. A Happy Science avança sempre, de forma absoluta. Na fase boa, aproveitamos a onda e progredimos depressa. Quando acontece algo negativo, aprendemos com isso e crescemos ainda mais.

Com esse tipo de pensamento, sempre é possível encontrar o caminho para romper os gargalos em qualquer circunstância. Tudo se transforma em fator de sucesso. Esse é o pensamento vencedor, extremamente útil tanto para o indivíduo como para as organizações.

O livro *Pensamento Vencedor* contém muitas dicas para a vida e para a gestão; por isso, faça uma leitura atenta e reflita sobre seu conteúdo. Espero que sirva de referência.

A doçura é o pensamento positivo; o sabor é o pensamento vencedor

As diferenças que existem nos conceitos de desenvolvimento

O pensamento positivo é um conceito que procura ver o lado bom das coisas. Porém, nem sempre as realizações conseguidas com ele garantem uma vida celestial. Nessa postura mental há uma tendência a formar pessoas incapazes de perceber os sentimentos alheios ou que desconsideram ou não percebem os próprios erros e fracassos. Quando os praticantes do pensamento positivo cometem erros, em geral, é isso o que ocorre.

Dentre as pessoas que praticam o pensamento positivo e são bem-sucedidas estão aquelas que se mostram insensíveis aos sentimentos alheios ou que são incapazes de perceber a necessidade de reflexão ou os próprios erros. São pontos falhos na personalidade e, portanto, é preciso compensar a deficiência da personalidade de alguma forma. O pensamento positivo seria como o doce que agrada a todos.

Por outro lado, o pensamento vencedor é um pouco diferente. É um conceito que busca o *umami*[1]. Esse sabor é extraído de algas ou do peixe seco "bonito". O pensamento vencedor está em busca do *umami*.

O pensamento positivo oferece a doçura que agrada a todos. Porém, pode ser enjoativo. Mesmo que uma pessoa se sinta salva momentaneamente pelo pensamento positivo, com tempo enjoa dele. Já o pensamento vencedor busca o *umami* e não enjoa.

O pensamento vencedor contém tanto o pensamento positivo como a reflexão e, portanto, proporciona aprendizado e desenvolvimento em diversos momentos da vida.

---

[1] Além dos quatro gostos básicos que o paladar humano reconhece (doce, salgado, azedo e amargo), existe um quinto que foi batizado de *umami* (termo japonês que significa "saboroso", "delicioso"). Esse novo sabor foi descoberto pelo pesquisador japonês Kikunae Ikeda no início do século XX, mas só reconhecido pela comunidade científica muitas décadas mais tarde. (N. do E.)

Capítulo 5

Fundamentos da gestão

~ Oito atitudes que um gestor deve ter ~

1

Gestão é administrar um empreendimento e gerar resultados usando pessoas

Sem perceber, o gestor tende a ser autocrático

No presente capítulo, pretendo falar sobre as atitudes ou o preparo espiritual que os gestores ou aspirantes devem ter, mas essa abordagem será apenas num nível introdutório, pois a gestão como um todo é um tema muito complexo.

Essas atitudes devem servir aos presidentes de empresas e também aos executivos da alta administração de grandes organizações.

Em primeiro lugar, eu gostaria de chamar a atenção para o seguinte fato: "Há indivíduos que não têm suficiente consciência de que são gestores, embora ocupem esse cargo". O que isso quer dizer? Em geral, os gestores são pessoas de alta capacidade e, por isso, tendem a executar tudo sozinho.

Não há presidente que não tenha elevada capacidade e, portanto, ele tende a realizar o trabalho autocraticamente, pensando em tudo por conta própria. Para alguém do tipo super-homem, que tem competência, talento e capacidade comercial, é difícil conter o impulso de realizar tudo por conta própria.

Indivíduos como esse são perfeccionistas e, na verdade, têm uma personalidade que os impede de delegar tarefas aos demais. Se fossem capazes de trabalhar com os outros, poderiam receber salários por décadas; no entanto, em geral não conseguem e, por isso, se tornam gestores.

Assim, inconscientemente, esse tipo de pessoa acaba se tornando um gestor autocrático.

A essência da gestão é superar os limites individuais e trabalhar usando pessoas

Fazer gestão é administrar um empreendimento e gerar resultados com a participação de colaboradores. Se uma pessoa é capaz de fazer tudo sozinha sem contar com ajuda dos outros, não se trata de uma gestão e sim de um trabalho individual ou de um serviço técnico.

Um técnico prefere realizar seu trabalho sozinho, e o empreendedor individual também. Entretanto, a gestão consiste em realizar algo usando a força alheia ou a ajuda dos outros. Num certo sentido, a gestão é executar algo que não pode ser feito sozinho, mas somente com a ajuda de muitas pessoas. Portanto, é importante o gestor querer realizar o trabalho por meio de outras pessoas. São muitos os que não têm essa noção fundamental.

Compreendo o desejo de um indivíduo que quer continuar sendo um profissional de alta competência; afinal, se não fosse apto não poderia ser um gestor. Contudo, o gestor deve administrar um empreendimento servindo-se do trabalho de outras pessoas.

Vamos raciocinar pegando o exemplo do presidente de uma empresa jornalística. Com certeza, no início da carreira esse indivíduo gostava de escrever matérias; no entanto, não poderia escrevê-las todas sozinho. Ele foi galgando posições, passou a ser o editor que avalia as matérias redigidas por outros jornalistas, depois assumiu o posto do gerente que tem a visão de toda a empresa, e, por fim, assumiu o cargo de responsável pelas decisões empresariais.

O mesmo ocorre com as demais profissões. A pessoa começa realizando um trabalho individual; depois, percebe a limitação desse tipo de modelo e passa a fazer esse trabalho empregando outros colaboradores. Essa é a essência da gestão.

Entretanto, um indivíduo capaz de assumir a presidência de uma empresa costuma ser exigente consigo e, em geral, com os outros também. Então, ele não consegue delegar a tarefa para os outros, pois acredita que eles não a fariam com a mesma qualidade.

No caso da empresa jornalística, o presidente acha que outro jornalista não seria capaz de escrever a matéria tão bem quanto ele próprio, e que seria mais fácil se ele mesmo reescrevesse tudo em vez de perder tempo corrigindo-a.

Porém, por mais que seja difícil, ele precisa deixar outros jornalistas prepararem os textos, aprender o trabalho de revisão e, depois, ensinar esse serviço ao revisor e pedir-lhe para corrigir a matéria original. Por fim, o presidente deve apenas fazer a avaliação geral da edição do jornal como um todo. Não há como cumprir o papel de gestor sem elevar o nível de trabalho dessa forma.

Mesmo sendo um profissional competente, há limites de tempo e de força física

Não é fácil um profissional competente executar uma tarefa por intermédio de outras pessoas. Ser competente e gerar resultados são duas competências distintas. Assim, é preciso ter cuidado, pois um profissional competente pode não conseguir gerar resultados usando pessoas.

Se um funcionário fosse capaz de realizar o trabalho do presidente, ele deveria ganhar o mesmo salário dele. De acordo com uma pesquisa realizada no Japão em 2007, o salário mensal médio de um presidente de empresa é de cerca de 20 mil dólares. Se um funcionário fosse capaz de desempenhar a mesma função de um presidente, deveria estar ganhando 20 mil dólares. Mas na prática nenhuma empresa paga um salário igual ao do presidente a um funcionário. Quando muito, este ganha de 5 a 6 mil dólares por mês, e os do nível mais baixo, de mil a 2 mil dólares. E o presidente usa esses profissionais para realizar as atividades da empresa. Uma vez que esses colaboradores recebem cerca de um décimo do salário do presidente, é óbvio que não conseguem realizar um trabalho similar.

Por princípio, mesmo um presidente, que tem a competência necessária para receber um salário de 20 mil dólares, só dispõe de 24 horas por dia. Ainda que reduzisse seu período de descanso, não conseguiria trabalhar mais que o dobro de outra pessoa.

Mesmo tendo a força física de um super-homem, não há quem tenha mais que o dobro da força de um indivíduo médio. Qualquer um consegue carregar uma pessoa nas costas, mas não consegue levar duas simultaneamente. Mesmo sendo capaz de percorrer o dobro de distância de outra pessoa, é difícil um indivíduo ter mais que o dobro de força física. Isso também vale para o tempo: não há como trabalhar mais que o dobro do tempo por dia. Em suma: ainda que a pessoa tenha uma competência excepcional em diversas áreas, deve ter consciência de suas limitações.

Fundamentos da gestão: gerar grandes resultados usando o tempo e a força dos outros

Desse modo, embora o presidente considere que os outros possuem pouca competência, ele precisa aumentar seu próprio tempo, delegando as tarefas aos demais.

Quando você trabalha mais de dez horas por dia, não se consegue aumentar ainda mais seu período de atividade. Ao delegar para alguém tarefas que levariam oito horas, é possível "ganhar" essas oito horas desse funcionário. Por mais que ele tenha um nível profissional que seja apenas 50%, 30% ou 10% do seu, basta que seja compatível com o salário que recebe.

Assim, é preciso gerar um resultado maior do que o seu pegando emprestado o tempo, a força física, a competência e a sabedoria dos demais. Esse é o conceito fundamental da gestão.

Ser capaz individualmente e gerar resultados com o trabalho dos outros são dois aspectos distintos. Ao utilizar o potencial dos outros, você precisa gerar resultados maiores do que aqueles que você conseguiria sozinho. Caso contrário, você estaria usando a capacidade de realização dos outros apenas para repousar, ou seja, estaria sendo indolente. Este é um ponto que não se pode esquecer.

Se você estiver aumentando sua folha de pagamento somente para poder descansar, isso é simplesmente consumo, desperdício, e não gestão. Sob essa ótica, quando uma pessoa contrata uma babá para seu lar, por exemplo, não se pode dizer que isso é gestão. Ela estaria gastando parte da renda para ter uma folga, o que é diferente de gestão.

Por outro lado, seria gestão se o presidente contratasse uma secretária para dar telefonemas, elaborar documentos e realizar outras tarefas visando aumentar o próprio tempo, que é um recurso da gestão. Seria considerada gestão porque o objetivo de usar o tempo alheio seria aproveitar o próprio tempo de modo mais eficiente para desempenhar outras atividades.

Portanto, o fundamento da gestão é gerar resultados maiores do que o seu usando os outros. Mantenha esse conceito em mente. São muitos os que não possuem essa noção.

Não bastam cargo e idade para praticar a gestão

É muito comum nomear como gestor alguém que chegou aos 40 ou 50 anos de idade e que é altamente competente sem compreender o fundamento da gestão que diz: não basta cargo e idade para praticar a gestão. Com frequência, esses gestores começam a cometer muitos erros aqui e acolá.

Evidentemente, o mínimo que se espera de um gestor é que seja um profissional competente, mas ele ainda precisa ter outra capacidade. Um gestor será reprovado se não souber gerar resultados usando pessoas e nem deverá usá-las apenas para poder relaxar.

Na gestão, é fundamental gerar melhores resultados do que o seu trabalho individual usando pessoas ou recursos financeiros. Primeiro, é preciso ter essa consciência, e muitos não sabem disso. Há gestores ou diretores que pensam que ter subordinados significa mais tempo para descansar, porque, por serem mais velhos, contarão com o trabalho de funcionários jovens.

Há indivíduos que recebem o cargo de gerente ou diretor e, em seguida, começam a se descuidar do trabalho, mas isso não é gestão. O gestor deve usar a mente para planejar e executar outras tarefas enquanto usa o tempo dos outros. Espero que você não se engane quanto a isso.

2

Criar valores empresariais como lema da organização

Partilhe valores empresariais com toda a organização

A seguir, pretendo abordar um tema muito importante para o gestor: "criar valores empresariais".

Usando o exemplo de uma indústria manufatureira, não se consegue fazer a empresa crescer ou motivar seus funcionários apenas exibindo o material institucional que apresenta os produtos fabricados por ela ou que anuncia as peças produzidas por ela assumindo a terceirização solicitada pelos clientes.

Uma organização precisa de valores empresariais. Trata-se de princípios da gestão que indicam os rumos da organização. É uma espécie de estandarte da tropa. Seria algo como a bandeira do general Takeda Shingen[15] com o lema "vento, floresta, fogo e montanha" – rápido como o vento, silencioso como a floresta, devastador como o fogo e imóvel como a montanha – ou o mote do general Oda Nobunaga[16] "Governar sem dominar". É uma bandeira, uma meta. Uma organização precisa de um lema.

O gestor deve elaborar os valores empresariais e educar os funcionários repetidas vezes mostrando a eles a direção que a empresa está seguindo e de que modo ela dará sua contribuição social. Esse treinamento é fundamental. Sem disseminar esses valores a todos os funcionários por meio de treinamentos, essas filosofias acabarão como meras inspirações voláteis da cabeça do gestor. Os valores ou as filosofias empresariais devem ser estudados por todos os funcionários para que possam ter atitudes iguais às do gestor.

---

15 Takeda Shingen (1521-1573) foi um proeminente senhor feudal com excepcional prestígio militar, que procurou obter o controle do Japão na fase tardia do período Sengoku.
16 Oda Nobunaga (1534-1582) foi um grande senhor feudal do período Sengoku da história japonesa. Teve uma vida de contínuas vitórias militares até conquistar quase todo o Japão, quando cometeu suicídio diante de uma rebelião de Akechi, em 1582.

No caso da Happy Science, as seguintes frases seriam os valores da nossa instituição: "Salvação de toda a humanidade", "Movimento de felicidade para todos", "Almejar ser uma religião mundial para salvar a todos". Esses princípios devem ser repetidos inúmeras vezes para que todos da organização possam estudá-los e compartilhá-los.

Tendo valores empresariais, todos são capazes de decidir e agir

Ao disseminar repetidas vezes os valores da empresa, quando surgirem dúvidas quanto à direção a seguir as pessoas poderão tomar decisões com base nesses valores.

Pode-se desdobrar os valores empresariais em objetivos menores, e chegaríamos às metas mensais ou diárias e às tarefas individuais. Com isso, mesmo que o gestor não possa dar orientações específicas para cada funcionário, cada um deles será capaz de tomar decisões com base nos valores.

Por exemplo, digamos que uma empresa de táxi anuncia o seguinte valor empresarial: "Oferecer um serviço impecável para que o cliente tenha um dia maravilhoso!". Mesmo que no manual não haja instruções sobre o que fazer em um dia de chuva, de sol ou de ventania, o motorista poderá decidir que tipo de serviço deve oferecer em cada clima diário com base no valor empresarial.

No primeiro capítulo deste livro, "Orientações para a prosperidade nos negócios", dei alguns exemplos de atitudes que não encantam o cliente. O motorista não pode deixar o cliente se molhar só porque o presidente não disse que ele deve oferecer um guarda-chuva ao cliente ou que o motorista deve oferecer um guarda-chuva para o cliente que não o tiver.

O importante é fazer com que o funcionário saiba decidir como irá executar cada tipo de tarefa com base nos valores empresariais. Assim, por mais que a empresa cresça para cem, mil ou dez mil funcionários, o indivíduo saberá o que fazer pensando por conta própria. Quando uma empresa não possui esses valores, o funcionário não consegue tomar decisões nas situações que não constam nos manuais ou nas metas mensais de cada departamento.

Portanto, o gestor deve elaborar os valores empresariais e, nesse sentido, fazer um pouco o papel de um filósofo. Não é necessário ser algo complexo, mas ele precisa ser alguém capaz de elaborar pensamentos e filosofias. Sem isso, as pessoas não o seguem. Construir grandes organizações só é possível graças aos valores empresariais.

No antigo Japão, no período Sengoku, as tropas de Takeda, que lutaram sob o mote "vento, floresta, fogo e montanha", e as tropas de Oda, que lutaram com o lema "governar sem dominar", eram muito fortes porque compartilhavam os ideais preconizados pelo senhor feudal.

Assim, tendo valores empresariais, a organização cresce até certo ponto almejando uma direção. Se esses valores ainda não tiverem sido definidos e a empresa apenas diz o que faz, o gestor deve se esforçar para elaborar seus pensamentos e estabelecê-los.

Se você tiver vergonha de promover os valores da empresa porque ela é pequena e possui apenas uns dez funcionários, eu afirmo que, ao definir esses valores, você conseguirá fazer o negócio passar de dez para cinquenta ou cem funcionários. Além disso, se o presidente não definir os valores, a empresa só conseguirá atender o mercado que estiver ao alcance dos olhos do presidente.

3

Visão sistêmica: a capacidade de ver a empresa como um todo

Outra competência que um gestor deve ter é a "visão sistêmica". É de extrema importância que o profissional tenha a capacidade de ver a empresa como um todo, de entender como funcionam e se integram seus sistemas, processos e modelos de trabalho. Sem essa habilidade, o gestor que fica preso às rotinas e se concentra apenas nos procedimentos está reprovado como gestor. Enfim, aquele indivíduo que está sempre ocupado ou cansado e não consegue elaborar na mente o quadro completo da empresa – usar a visão sistêmica – não serve como gestor.

Visão sistêmica e valores empresariais são dois conceitos distintos. Enquanto o segundo traz os princípios da empresa, o primeiro refere-se à visão concreta do negócio. O gestor deve idealizar de que maneira pode transformar o trabalho em um negócio, qual deve ser seu tamanho e em que direção deve avançar.

O gestor, diferentemente de funcionários, pode parecer estar repousando, mas na verdade continua trabalhando. Pensar é o seu trabalho. O importante é a capacidade de enxergar o conjunto. Não há folga para o gestor mesmo nos finais de semana, porque ele deve pensar continuamente sobre isso. Quem não pensa em nada nos finais de semana são os funcionários, que recebem salários e descansam. O gestor ou o executivo que chegou próximo à alta administração mantém essas questões em seu coração.

É preciso ter a força da idealização, pensando repetidas vezes na realização do trabalho e na visão completa do negócio.

4

Treinar a construção de uma lógica

Construa uma lógica com esforço

Sei que é uma tarefa difícil, mas o gestor precisa fazer um treinamento para a construção de uma lógica.

Conforme comentei anteriormente, são muitos os gestores que possuem talento e alta competência. São criativos, inspirados, instintivos e sensíveis. Ser inspirado, ter grande sensibilidade e instinto aguçado são talentos necessários para um gestor.

Entretanto, isso não basta para que o negócio cresça, pois ocorrem os mesmos problemas de uma empresa que não tem valores ou filosofias empresariais. Os funcionários não sabem que tipo de ideia o presidente vai ter e, assim, a gestão fica à mercê das inspirações e dos caprichos do presidente.

Quase todos os empresários são bastante inspirados; porém, é preciso se esforçar para fazer um treinamento de construção de lógica. É importante se empenhar para desenvolver uma racionalidade, uma lógica ou um conceito que permita criar um modo de pensar genérico ou que funcione em determinada situação. Uma lógica imutável não é viável; portanto, o melhor é que seja circunstancial. É preciso construir uma lógica para cada caso: "Nesta situação, devemos tomar essa decisão e solucionar o problema assim".

Se o gestor for uma pessoa com muitas inspirações, por mais que estabeleça uma lógica, esta acabará mudando. Mesmo assim, se ele repetir o treinamento para construir uma lógica, aos poucos acabará encontrando o caminho racional das coisas. A empresa terá os procedimentos lógicos para cada caso. Assim, os funcionários começarão a trabalhar de acordo com essa lógica.

Crie uma cultura empresarial interligando as lógicas da gestão como os trilhos de um trem

Quando o gestor estabelece a lógica de funcionamento do trabalho ou a lógica da gestão, os demais passam a operar de acordo com essa lógica. É como se fosse os trilhos do trem.

Um trem não consegue transitar em uma estrada de pedras, mas, ao instalarmos dois trilhos de ferro sobre as pedras, ele consegue correr suavemente sobre os trilhos. Ao removê-los, o trem não consegue mais fazer o trajeto.

O mesmo ocorre com uma empresa. Se for abandonada ao acaso, parecerá que ela está tentando percorrer uma estrada de pedregulhos. O trilho funciona para o trem assim como a lógica funciona para a gestão.

Além disso, o trilho tem certo comprimento. Ao interligarmos os trilhos, teremos uma ferrovia de centenas ou milhares de quilômetros. O trilho em si tem alguns metros de comprimento e é transportável. Depois, é só interligar os trilhos.

As pequenas lógicas de gestão são como o trilho de alguns metros. É preciso se esforçar para criar um modo de pensar, uma maneira de organizar o trabalho e o critério de decisão, a cada situação. Ao interligá-los, estará sendo criada uma cultura empresarial, pois os funcionários passarão a tomar decisões com base nela.

Somente o gestor capaz de unir talentos incompatíveis será bem-sucedido

Eu comentei há pouco que a capacidade de realização individual e a capacidade de realizar um trabalho usando pessoas são competências distintas. Uma pessoa criativa, instintiva e inspirada por diversas ideias pode parecer competente; no entanto, esse talento tem pouco a ver com a habilidade de desenvolver uma lógica e instalar trilhos. São até aptidões conflitantes.

Somente o indivíduo que conciliar esses talentos incompatíveis será capaz de construir uma grande empresa. Quem não souber conciliá-los acabará sendo derrotado em algum momento.

Enquanto o gestor continuar trabalhando apenas com base em suas inspirações, a empresa não durará mais que uma geração. Por outro lado, aquele que criar uma empresa burocrática e cheia de regulamentos acabará transformando-a numa organização semelhante às repartições públicas, e não conseguirá fazê-la se desenvolver. Nessas condições, uma empresa em fase inicial de criação não se consolidará.

Somente as empresas lideradas por gestores criativos e cheios de ideias e, ao mesmo tempo, empenhados em construir os "trilhos" conseguirão crescer num ritmo acelerado. São talentos incompatíveis e difíceis de serem conciliados; porém, é preciso ter consciência de que ambos são importantes.

O campo de visão de um ser humano é limitado. À medida que a empresa se expande, o número de departamentos aumenta e não se consegue ver tudo sozinho. Nesse caso, quando o gestor tem a capacidade de construir a lógica, o trabalho começa a avançar com base nessa lógica.

Com frequência, as coisas verdadeiramente importantes são conflitantes. E são poucos os indivíduos capazes de conciliá-las. Um em dez ou um em cem. Justamente por ser algo tão difícil, quando alguém consegue fazer conciliações torna-se bem-sucedido e respeitado. Uma pessoa comum em geral tem apenas um desses dois talentos.

5

É preciso ter as qualidades de um educador para fazer um negócio prosperar

Uma das competências importantes para o gestor é que ele também precisa ser um excelente educador.

Não é muito comum que o empreendimento cujo proprietário não tem as qualidades de um educador consiga se desenvolver. O empresário vive no mundo dos negócios e, por uma ótica econômica, bastaria ser alguém competente na busca de lucro. Porém, dentre eles, há aqueles que possuem qualidades de um bom educador.

São esses os gestores capazes de fazer uma empresa crescer educando muitos indivíduos. Tenha consciência de que o gestor deve ter o talento de um educador.

Porém, quem tem competência individual costuma pensar que o ser humano já nasce talentoso ou incompetente. E formar profissionais por meio da educação é um processo que requer tempo e paciência. Assim, os gestores não querem educar. A maioria prefere fazer o trabalho por conta própria, pois a educação exige tempo e energia.

No entanto, grave estas palavras no fundo do seu coração: um empreendimento cresce nas mãos de quem tem a missão de educador. O gestor bem-sucedido em desenvolvimento gerencial e treinamento de funcionários é aquele que consegue fazer a empresa se desenvolver.

A tarefa de educar também inclui a formação do sucessor para quando o gestor chegar à fase da terceira idade. A empresa que falhar na formação do sucessor viverá a decadência e correrá o risco de falência.

Mesmo os gestores que não têm talento de educador podem fazer o empreendimento crescer se tiverem grande competência profissional e de negócio. Entretanto, nesse caso é quase certo que, com o tempo, a empresa entre em decadência na terceira idade dos gestores. E com certeza a empresa vai falir se a competência do gestor em educar for baixa e não houver a formação de um sucessor.

6

Capacidade de decisão – o gestor é forçado a tomar decisões penosas

Decida o que vai descartar ou não

Outra capacidade importante para o gestor é a de tomar decisões. Na gestão empresarial, sempre há muitos conflitos provenientes de problemas de relacionamento interpessoal ou de diretrizes. É sempre assim quando se juntam pessoas: surgem ideias conflitantes sobre o trabalho a ser feito e há também questões ligadas às afinidades e aversões nos relacionamentos interpessoais.

Analisar a viabilidade de um empreendimento também é uma tarefa difícil e sofrida se a pessoa não for clarividente. Na empresa, o funcionário que teve sua ideia aprovada fica feliz. Ou ainda, dentre os cinco candidatos à vaga de gerente, quem foi escolhido fica feliz. Quem conseguiu um resultado positivo se sente alegre e satisfeito, mas quem teve a ideia rejeitada ou não foi selecionado para a promoção fica decepcionado.

Qualquer gestor passa por situações de análise ou de decisão e não há como agradar a todos. É impossível. Se tentar irá apenas gerar polêmica, causar brigas e discussões entre os funcionários; com isso, o navio irá naufragar por excesso de capitães e não será possível avançar. O gestor deve assumir o papel de chefe e coordenar as ideias.

Talvez essa situação seja diferente de julgar o bem e o mal com base na moral ou na religião; no entanto, como gestor você precisa decidir o que adotar e o que descartar a cada instante, seguindo conceitos maiores, como os valores e as filosofias da empresa.

Esse tipo de decisão sempre é acompanhado de sofrimento, tanto individual, sentido pelo gestor, como pela organização. Os escolhidos são poucos e os descartados são muitos. É preciso ter cuidado, pois corre-se o risco de que o saldo negativo seja maior que o positivo. De qualquer modo, ainda que desagrade parte da equipe, o gestor deve tomar sua decisão, mesmo que seja algo do qual as pessoas não querem se desfazer. Se houver necessidade de cortar, o gestor não pode hesitar. É como realizar uma cirurgia: o corte gera dor, mas sem a intervenção cirúrgica para remover o mal não há a cura pela raiz.

Quanto maior a empresa, maior é o peso da decisão e a responsabilidade

O gestor que não é capaz de tomar uma decisão difícil está fugindo de sua responsabilidade. Os funcionários que possuem um gestor desse tipo podem sofrer com isso, porque é muito difícil aguentar um chefe que foge de sua responsabilidade e larga o problema para eles dizendo: "Deixo por sua conta". Toda decisão gera responsabilidade. Se a pessoa que deve assumir a responsabilidade não toma decisões, fica difícil prosseguir com o trabalho.

Assumir a responsabilidade significa arcar com as consequências mesmo quando há resultados negativos ou fracassos resultantes da decisão tomada. Ou ainda, é arcar com a responsabilidade da decisão tomada diante das críticas e reclamações. Se o superior não for capaz de arcar com a responsabilidade, a organização não funcionará.

Numa grande empresa, quanto mais elevado for o cargo, mais pesadas serão as decisões. Há casos em que uma decisão chega a fragmentar a organização como uma intervenção cirúrgica. Numa empresa do porte da Panasonic, que tem dezenas de milhares de funcionários, o prejuízo pode chegar a 4 bilhões de dólares. Dezenas de milhares de pessoas poderão perder o emprego por causa de uma decisão do presidente. Esse tipo de decisão equivale a uma grande cirurgia que causa hemorragia e requer uma transfusão.

Quanto maior a organização, maior será o peso das decisões cruciais; a responsabilidade e os efeitos negativos também serão grandes. Mesmo assim, o gestor não pode querer agradar a todos e precisará tomar decisões.

Se o gestor tomar uma decisão errada, poderá corrigir a rota

Mesmo correndo o risco de errar, é melhor tomar uma decisão do que não fazer nada. Se a decisão partiu de alguém do alto escalão, os subordinados conseguem seguir com tranquilidade.

É natural que se cometam erros durante as decisões, mas ainda assim é melhor do que ficar de braços cruzados. Evidentemente, se o gestor errar na decisão, deverá arcar com a responsabilidade. Algum tempo depois, os resultados serão visíveis. Se o gestor for do tipo que assume a responsabilidade e percebeu que sua decisão foi errada, ele poderá corrigir a rota. Porém, quando ele não assume a responsabilidade, ninguém saberá quem tomou aquela decisão nem quais foram as consequências, e não haverá como corrigir o rumo da empresa.

Portanto, nas grandes organizações o gestor deve arcar com enormes responsabilidades, e a empresa não deve nomear para os altos cargos pessoas que fogem da responsabilidade, pois isso trará sofrimento aos subordinados.

7

O conceito de público e privado para o gestor

Há diferenças entre a alta administração e os funcionários na questão do público e privado

O gestor deve enfrentar os problemas relativos ao que é público e o que é privado, e também a questão de permanecer no cargo ou se demitir.

Em micro, pequenas e médias empresas, o conceito do que é público ou privado é impreciso. A esfera profissional e a pessoal ficam misturadas, e é difícil definir o limite entre elas. Conforme a empresa se desenvolve, são realizados treinamentos que visam separar o público do privado. Se um funcionário usa o telefone da empresa para marcar um encontro ou sai do trabalho com materiais da firma, é repreendido. Assim, os funcionários recebem treinamento para diferenciar o público do privado.

Mas, à medida que subimos na hierarquia, fica cada vez mais difícil fazer essa distinção. Não há livros que nos mostrem como deve ser, nem quem nos ensine.

Mesmo nas grandes empresas, nem sempre o público e o privado estão bem definidos para o alto escalão. Em algumas corporações, há um refeitório exclusivo para a diretoria que serve pratos diferenciados no almoço. Mas, como eles recebem visitas ilustres, não se pode negar completamente que se trata de uma missão pública. Na verdade, não fica claro se é pública ou privada.

Muitas vezes vemos quadros caríssimos de artistas renomados na sala de um diretor, e também não sabemos se é público ou privado. Talvez devesse ser algo privado e de acordo com o gosto pessoal dele. Por outro lado, não se pode negar a utilidade disso para a empresa.

Quando se recebem clientes, isso também pode ser útil. Nesses casos, é muito difícil distinguir público de privado. Não se pode afirmar que é tudo privado. Os objetos de decoração como quadros e antiguidades são uma questão de gosto pessoal, e é muito difícil classificar se é algo público ou privado. Se for reconhecido que essa decoração agrega valor para a empresa, então é público; se for meramente um hobby pessoal, é privado.

Um funcionário assalariado não pode usar o telefone da empresa para agendar um jogo de golfe ou pedir a um subordinado para reservar o campo. Mas, se jogar golfe com um cliente faz parte do relacionamento comercial, poderíamos dizer que é uma atividade profissional. Se for para lazer pessoal, o funcionário ganha uma bronca.

E o que aconteceria se fosse um diretor? É uma questão delicada.

Poderíamos criar regras claras. Os diretores deveriam por conta própria marcar o jogo de golfe ou os encontros após o expediente. Se fossem enviar cartas particulares, os próprios diretores deveriam comprar envelope e selo e levar as cartas pessoalmente até o correio. Assim, a questão do público ou privado ficaria equacionada perfeitamente. Contudo, para presidente e diretores que tomam decisões importantes, esses afazeres seriam um desperdício de tempo, e seria lamentável se eles perdessem tempo para ir ao correio. Delegando para subordinados que ganhem menos, eles podem fazer um trabalho de maior valor agregado.

Assim, inicia-se a batalha de valores. A decisão do que é público ou privado no âmbito da diretoria é um pouco diferente do que ocorre entre os funcionários. Para aumentar a eficiência do tempo, há casos em que uma pessoa da alta administração pede a um subordinado para fazer coisas pessoais também. Essa questão é realmente muito delicada.

Quando a empresa entra em crise, o gestor pode ser cobrado por questões públicas ou privadas

Normalmente, quando a empresa está em fase de expansão e os lucros estão aumentando, praticamente nunca o gestor é cobrado por questões relativas ao que é público ou privado.

Quando a gestão vai bem, ninguém cobra se o golfe do presidente é público ou privado. Porém, isso é questionado quando a gestão entra em decadência. Quando o lucro é quase zero, a empresa está dando prejuízo ou quebra, de repente as críticas se amontoam. As pessoas começam a dizer: "Se a empresa está mal é porque o presidente mistura os compromissos oficiais com os particulares e fica jogando golfe todo dia".

Por uma questão de responsabilidade, o gestor será cobrado pelos resultados da empresa. Se forem bons haverá pouca cobrança, caso contrário, muita cobrança.

Portanto, como não há tantas exigências no dia a dia, o gestor decide que tudo é uma questão de usar bem o tempo e agregar valor à empresa. Por exemplo, o carro oficial e a secretária para resolver problemas particulares são necessários. É assim que ele pensa.

Enfim, tudo é uma questão do valor agregado entre o gasto e a receita que o gestor gera. Quando a empresa vai bem, ninguém critica o gestor por essas questões. Quando vai mal ou quebra, de repente as críticas se tornam severas.

Quando um gestor é preso, isso ocorre quase sempre quando a empresa quebrou. Mas raramente acontece quando a empresa está dando lucro. Na falência, o gestor é cobrado por muitos aspectos.

A legislação japonesa é terrível, pois o patrimônio do gestor acaba entrando como garantia nas dívidas da empresa, enquanto ele recebe críticas por questões públicas e privadas.

O gestor é criticado pelo alto salário e por enriquecimento, mas quando a empresa entra em falência, os bens do gestor – como casa e terreno – acabam sendo penhorados, deixando-o zerado. Portanto, nem mesmo o patrimônio pessoal do gestor é completamente privado. Essa é uma questão muito delicada.

Nesse ponto, o gestor deve considerar que é tudo uma questão de responsabilidade pelos resultados. Se a empresa entrar em declínio ou falir, não tem como justificar. É preciso estar preparado para as críticas em relação a tudo. Enquanto a empresa estiver crescendo, os olhares serão agradáveis e também serão poucas as críticas externas.

8

Manter-se no cargo ou se afastar – quando se aposentar e a formação de um sucessor

O presidente na terceira idade deve decidir sozinho quando vai se afastar

Uma questão problemática para o gestor é quando ele chega à terceira idade. Em geral, quando envelhecemos há uma queda na força física, uma redução na capacidade de tomar decisões, e assim começam a ocorrer os erros. Trata-se de um problema complexo, mas os erros são mais frequentes quando passamos dos 65 anos aproximadamente.

Há casos raros de gestores com mais de 70 ou 80 anos que continuam realizando suas funções com grande entusiasmo e vigor, e ainda são perspicazes na hora de decidir. Com certeza são pessoas esforçadas e, diferentemente dos presidentes comuns, possuem competências extraordinárias. Seriam capazes inclusive de se tornarem mestres dos presidentes. Com tanta disposição, não correm o risco de sofrer um declínio repentino e, portanto, continuam como gestores mesmo aos 80 anos.

De fato, há indivíduos com muita energia aos 80 ou 90 anos, mas são exceções. Geralmente há um desgaste natural com o envelhecimento, e é quando os erros nas decisões passam a ser mais comuns. Assim, quando chega aos 65 anos, o próprio gestor precisa pensar em afastamento, já que ninguém da empresa ousaria alertá-lo em um assunto tão delicado. Como as críticas internas não chegam aos seus ouvidos, em algum momento o gestor deve tomar a difícil decisão de se afastar. Embora seja uma tarefa árdua, ele precisa ter a coragem de decidir por conta própria, demitir-se e tornar-se conselheiro ou presidente do conselho.

Quanto maior a competência do presidente, mais os subordinados parecem frágeis. E também é muito comum que ninguém tenha sido preparado para assumir o cargo. Uma vez que as críticas internas são pouco audíveis, em algum momento é preciso tomar a decisão de se afastar.

Delimite sua área de atuação e delegue ao sucessor

Mesmo errando na escolha do momento certo para se afastar, desde que a empresa continue crescendo não haverá críticas; porém, quando a empresa entra em decadência as críticas surgem infindáveis e fica muito difícil chegar a um ponto de equilíbrio.

Com o envelhecimento, aumenta no indivíduo o desejo de ser reconhecido. Seu apego ao status é inevitável, e ele acha natural que seus rendimentos pessoais aumentem. Os funcionários estão atentos aos benefícios do presidente e o quanto sobra para a distribuição de bônus. Enquanto o trabalho e o valor agregado do presidente são compatíveis com a sua retirada mensal, não há reclamações. Mas, quando se perde o equilíbrio, surgem as insatisfações.

Quando ocorre uma queda no bônus concedido aos colaboradores, as críticas ao presidente se tornam mais severas: "O presidente caduco está monopolizando os lucros, enquanto os jovens funcionários e os diretores de 40 ou 50 anos dão duro!".

É difícil o gestor fazer autocríticas, mas, se não o fizer, começarão a surgir reclamações internas relativas à distribuição de bônus. Deve-se ter bastante sensibilidade para lidar com essa questão delicada, porque é extremamente difícil medir de forma objetiva a produtividade ou o valor agregado de uma pessoa. Nesse caso, o melhor é avaliar com base nos resultados da empresa, como o faturamento ou os lucros.

É preciso saber o momento certo de se retirar. Se a formação do seu sucessor já está concluída, pode-se dizer que você está aprovado como presidente. Por mais que tenha sido um bom presidente na maturidade, se na terceira idade tiver um desempenho catastrófico a avaliação da sociedade será implacável.

Você precisa se esforçar para se conscientizar, aguardar o momento certo e preparar seu sucessor. Comparativamente ao entusiasmo da fase de implantação da empresa, o período da aposentadoria é muito difícil e triste. Contudo, procure ver de modo objetivo se os jovens sucessores estão sendo preparados de acordo e, quando chegar o momento, você deve se afastar. Mesmo que continue trabalhando, reduza suas tarefas para não haver um colapso de competência. Assim, é importante assumir o estilo de delegar para o sucessor.

Numa organização, é preciso haver uma força de atração para o centro, e o presidente deve ser essa força. Mas, quando um presidente idoso se intromete demais nos detalhes, passa a ser odiado.

Uma vez que gestão é gerar resultados usando pessoas, é preciso delegar. No entanto, delegar não significa abandonar. O presidente deve dar orientações objetivas e claras ao sucessor, manter sua força de atração, não se intrometer em excesso nos detalhes e tomar a decisão de reduzir sua participação nas áreas em que perceber uma queda em sua capacidade. Eis o dever de um presidente idoso.

Recomende a aposentadoria aos diretores veteranos

Cerca de 90% das empresas adotam o esquema de fazer a sucessão em família. Quando a gestão é passada para a próxima geração, se os diretores veteranos permanecerem, mesmo que o presidente fundador tenha se aposentado, a gestão pela segunda geração pode não dar certo. Nesse caso, o presidente fundador deve fazer com que seus colegas diretores também se aposentem. Ele deve dizer-lhes: "Eu vou me aposentar e quero que vocês também façam o mesmo. A aposentadoria vai ser bem recompensada". Se eles insistirem em ficar, fatalmente irão ocorrer conturbações na família. Quando ocorre a sucessão de gerações, é preciso mudar toda a diretoria para que o novo esquema seja consolidado.

Quando a alta administração se afastar, deve-se ter coragem para convencer os diretores a fazer o mesmo, caso contrário o conflito interno será inevitável.

Se o braço direito do presidente fundador continuar na ativa, será muito difícil a próxima geração ser capaz de administrar bem a empresa. Se for apenas uma fase transitória, isso pode acontecer. Por exemplo, no caso do falecimento súbito do presidente antecessor, é difícil a geração seguinte assumir a gestão. Por alguns anos, o braço direito do antecessor deve apoiar o sucessor. Mesmo nesse caso, ele deve se afastar após determinada fase. Os conflitos na família serão inevitáveis, uma vez que os diretores veteranos provavelmente não vão confiar no presidente sucessor.

Quando a geração seguinte não pode assumir de imediato, como no caso do falecimento repentino do presidente, o braço direito do antecessor deve proteger a empresa por algum tempo. Exceto numa situação como essa, quando o comando da empresa vai ser transferido para a próxima geração, é bom indicar alguém para ser o conselheiro do novo presidente e, quando chegar o momento de se afastar, deve-se fazer com que os diretores veteranos se aposentem pagando-lhes uma boa aposentadoria. Sem isso, a sucessão da organização não será bem-sucedida.

Como evitar os conflitos familiares na sucessão

Numa pequena ou média empresa, há uma diferença de cerca de 30 anos entre o fundador e o presidente da segunda geração; por isso, a sucessão costuma ser extremamente difícil e quase sempre ocorrem problemas.

Em geral, a segunda geração não é tão competente e, sobretudo, quando o antecessor falece cedo, é difícil o sucessor se tornar autossuficiente. Talvez seja inevitável entregar o controle ao braço direito.

Quando a segunda geração atinge os 45 anos, se houver muitos diretores de 50 a 60 anos atuando, a empresa poderá entrar em decadência ou passar por uma cisão. Então, a antiga diretoria sai com parte do patrimônio e acaba montando uma empresa concorrente. Invariavelmente, a empresa vira um caos e surgem os conflitos de família.

Por isso, é importante montar um esquema no qual o presidente da segunda geração possa assumir efetivamente a gestão, tendo os 45 anos de idade como referência. Sem isso, há um alto risco de falência na segunda geração.

Os diretores veteranos que serviram ao fundador possuem muitos méritos; entretanto, ao tentar controlar o presidente da segunda geração e dominar a empresa, eles podem estar agindo da maneira errada.

Dê atenção especial aos diretores veteranos na aposentadoria

Quando sentir que sua missão se encerrou, a antiga diretoria deve estar preparada para se desligar da empresa recebendo aposentadoria ou pedindo uma recolocação. Da mesma forma que o fundador tem seu momento certo para se afastar, os diretores veteranos também devem ter.

Como referência, quando o presidente sucessor atinge os 45 anos, é ele quem deve nomear sua diretoria para administrar a empresa. Sem isso, e com muitos diretores na casa dos 60 anos, haverá um clima de obrigação de cuidar deles como se fossem seus pais, e a gestão da empresa ficará muito pesada.

É importante valorizar os méritos da antiga diretoria e proporcionar a esses indivíduos uma boa compensação financeira que lhes garanta uma boa vida. Essa é a responsabilidade do presidente da segunda geração. Por exemplo, se dentre os diretores veteranos há alguém que ainda não tenha concluído a educação dos filhos, deve-se ter o cuidado de garantir-lhes um bom estudo. Se os filhos ainda não concluíram a faculdade ou estão prestes a ingressar em uma, é preciso assegurar-lhes uma bolsa de estudo.

Ou então, se há alguém doente na família ou que precisa ficar em uma clínica de repouso, é importante ter uma solução clara para esses problemas. Quando o presidente da segunda geração se preocupa em cuidar bem dos demissionários, tem mais chances de sucesso. Quem tem esse cuidado, tem competência como gestor.

O gestor deve ter um lado frio e calculista e, ao mesmo tempo, um cuidado minucioso com relação ao aspecto sentimental. Sem isso as pessoas não vão segui-lo.

Procure se esforçar acreditando que aos 45 anos você terá o poder em suas mãos. Sem isso, acabará chegando aos 65 anos sem conseguir comandar a empresa com liberdade.

Lembre-se de dar um bom tratamento aos demissionários, sendo muito grato e remunerando-os pelos méritos do passado. É preciso cuidar com carinho da velhice dessas pessoas e de seus familiares, e procurar recolocá-las.

Raramente, uma empresa que se esforça nesse aspecto passa pela falência. Se a demissão for muito fria, sempre haverá críticas das pessoas que saem. Elas irão denegrir a imagem da empresa espalhando boatos de que o fundador era grandioso, mas que a segunda geração é fraca. Isso é muito comum quando o tratamento é frio.

Na troca de gerações, os funcionários que ocupam cargos elevados devem ser demitidos. Isso faz parte da lei da natureza. Portanto, tenha a consciência de que é importante dar um bom tratamento aos demissionários.

Quando o sucessor chega aos 45 anos, o fundador deve pensar em se aposentar

Estou sendo redundante, mas eu gostaria de dar como referência a idade de 45 anos para o sucessor. Enquanto o presidente antecessor está vivo, o presidente de 45 anos pode parecer despreparado, mas essa é a prova de que o fundador já envelheceu. Se o fundador já está na casa dos 70 ou 80 anos, o sucessor de 45 anos vai lhe parecer muito incompetente.

É preciso pensar que aos 45 anos o sucessor está suficientemente preparado para assumir a presidência. Não se pode achar que ele ainda não está preparado e pensar em passar-lhe o comando somente quando ele tiver 55 ou 60 anos. Não há graça em ser presidente de segunda geração aos 60 anos. Nessa idade pouca coisa pode ser feita, e a possibilidade de crescimento da empresa diminui muito. Os novos negócios devem ser iniciados entre 40 e 50 anos. Portanto, o fundador deve ter como referência essa faixa etária e planejar o seu afastamento.

No presente capítulo, abordei diversos aspectos importantes da gestão empresarial. Eu ficarei muito feliz se servir de referência para o trabalho de todos os gestores.

CAPÍTULO 6

Dicas para prosperar nos negócios

~ Os negócios crescem quando
se superam as dificuldades ~

1

O trabalho de CEO do ponto de vista religioso

Responder às necessidades dos presidentes de pequenas empresas

Eu gostaria de abordar temas diferentes daqueles que constam nos livros de gestão disponíveis no mercado, dirigindo-me para o público de CEOs sob a ótica da religião.

No Capítulo 1 da obra *Introduction to Top Exective Management*[17] eu descrevi os dezessete pontos fundamentais para a gestão. A prática dessas leis permite criar uma grande empresa, do porte da IBM. Por outro lado, existe também a necessidade de conceitos de sucesso para empresas menores. E, para atender a essa demanda, lancei o livro *As Leis da Felicidade*[18.] Nele há uma palestra de técnicas profissionais com o título "Técnica One Point Up para melhorar o desempenho no trabalho".

Além disso, no Capítulo 3 do presente livro incluí a palestra "Mensagem ao presidente de uma empresa pequena". Ela está voltada para empresas que possuem

---

17 Esse título encontra-se disponível em inglês. *Introduction to Top Executive Management*. Japan, IRH Press Company Limited, 2016.
18 *As Leis da Felicidade*. São Paulo: Editora Cultrix, 2009.

de alguns poucos funcionários até no máximo cem, destinando-se sobretudo aos negócios que contêm de vinte a cinquenta funcionários. Seu conteúdo é resumido, mas as dicas são precisas. Assim, forneci um amplo espectro de respostas para as necessidades desse público.

Apesar disso, se sua empresa não se encaixa nesse perfil, provavelmente é porque você prefere fazer negócios sozinho ou está pensando em contratar funcionários e ampliar o empreendimento a partir de agora.

A metodologia para aumentar a empresa até mil funcionários já foi comprovada pela Happy Science

Na Happy Science realizamos regularmente, em diversos templos, seminários voltados para os gestores de empresas. Se você participar deles e aprender os diversos conceitos que apresentamos, sua competência gerencial com certeza irá melhorar.

Desde que deixei meu emprego, em 1986, fundei a Happy Science sozinho e, em 1987, iniciei de fato as atividades. Em poucos anos o número de funcionários efetivos passou de mil. Nossa instituição não tem fins lucrativos, pois não somos uma empresa. No entanto, tenho autoconfiança em matéria de gestão devido à experiência que adquiri em fazer nossa instituição crescer a grande velocidade.

Claro, houve muitas tentativas e erros, fracassos e sucessos. E, ao longo desse processo, pesquisei muito sobre diferentes métodos de gestão organizacional, como gerar balanço positivo, promoção de pessoas talentosas, técnicas de inovação etc.

Iniciar sozinho e transformar um pequeno grupo numa organização de mais de mil funcionários é o que realmente ocorreu na Happy Science; portanto, nossos programas de gestão e de administração já estão efetivamente comprovados. Sabemos muito bem como fazer uma empresa crescer até o porte de mil funcionários.

Uma vez que somos uma instituição de utilidade pública, naturalmente nossos objetivos sociais são o de realizar atividades de utilidade pública; porém, esta é a única diferença em relação a uma empresa comum. Enfrentamos os mesmos problemas nas questões de administração da organização, administração financeira e dos diferentes empreendimentos.

Evidentemente, as taxas de imposto e os objetivos sociais são diferentes de uma empresa de sociedade anônima; no entanto, os processos para unir as pessoas e buscar resultados para atingir os objetivos sociais são os mesmos. Assim, as experiências vividas em nossa instituição devem servir também para a gestão empresarial.

Por sermos uma instituição religiosa, nossa principal atividade é realizar a conscientização das pessoas para a espiritualidade. Com exceção disso, quando vista pela ótica dos trabalhos organizacionais em si, nossa instituição pode ser considerada um exemplo de grande sucesso, mesmo quando comparada às empresas de *venture capital* do pós-guerra.

As metodologias de gestão adotadas pelas novas religiões servem de exemplo para as empresas

Temos diversos métodos para fazer uma empresa crescer até o porte de mil funcionários. Já citamos quais são as leis gerais do desenvolvimento, mas falamos pouco sobre as teorias específicas de gestão, pois, sem o conhecimento profundo desses conceitos, poderiam gerar erros de interpretação. De fato, na década de 1990, quando nossa instituição realizou grandes eventos no Tokyo Dome[19] e iniciou a produção de filmes de cinema, fomos imitados – na forma, não no conteúdo – por outras instituições religiosas.

Na ocasião, as religiões viviam a "Era das Guerras" e havia uma intensa competição entre as entidades com aprimoramento mútuo. Assim, quando uma realizava algo de bom, a outra imitava. A competição era muito acirrada sobretudo entre as novas religiões. Isso se deu em parte

---

19 O Tokyo Dome é um estádio com 55 mil lugares localizado em Tóquio, Japão, famoso por sediar eventos esportivos como beisebol e futebol americano, além de eventos musicais.

devido às influências dos diretores dessas entidades, que vieram do mundo empresarial. As novas religiões são extremamente ativas e promovem rápidas inovações e, nesse sentido, há muita semelhança com o mundo empresarial em suas técnicas.

Enquanto as religiões tradicionais mantêm métodos seculares, as novas procuram desenvolver novos métodos e apresentar novos valores, por isso existem muitos exemplos que podem servir para a gestão de empresas modernas.

Assim, pretendo transmitir aos poucos os métodos de sucesso vivenciados pela nossa instituição.

2

Todos os gestores devem ter senso de missão

Pense sempre em servir e dar uma contribuição positiva para a humanidade

No presente capítulo, pretendo oferecer algumas dicas para prosperar nos negócios de maneira bem objetiva. Primeiramente, eu gostaria de destacar o seguinte: "É preciso ter senso de missão". Por mais que a empresa seja pequena, o gestor deve ter senso de missão. Ou seja, ele deve pensar sempre: "O que eu posso fazer pelo próximo, pela sociedade, pela nação, pela humanidade e pelo universo macrocósmico com o meu trabalho e a minha empresa?".

Na Happy Science, procuramos ensinar que devemos almejar uma gestão que contribua para a felicidade da sociedade e da humanidade, e não apenas para ganhar dinheiro. O ponto em comum entre a religião e a empresa está justamente nesse senso de missão.

É importante pensarmos sempre na inesgotável contribuição e no serviço à humanidade. Se mantivermos esse foco, naturalmente nosso trabalho será de boa qualidade e com certeza poderemos ser úteis à sociedade.

O presidente tem mais poder que um primeiro-ministro

A seguir, eu gostaria de falar sobre a autoridade do presidente. Alguns indivíduos pensam: "Minha empresa é pequena, de apenas dezenas de funcionários. No entanto, dentro dela eu, como presidente, tenho mais poder que o primeiro-ministro de uma nação".

De fato, em alguns aspectos o presidente pode ter mais poder que o primeiro-ministro. Por exemplo, na residência do primeiro-ministro, se o banheiro estiver entupido ninguém irá tomar providências, a não ser os familiares ou a empregada doméstica. O primeiro-ministro não tem autoridade para pedir ao secretário que resolva problemas desse tipo.

No palácio oficial, à noite, só há vigilantes e o pessoal da segurança. A empregada doméstica só pode ser contratada com recursos próprios. E se não for contratada, não há quem faça a limpeza nem quem jogue fora os insetos mortos (declaração de uma ex-primeira-dama).

Nesse sentido, no Japão o presidente de uma empresa tem mais poder que o primeiro-ministro. Mesmo que não conste na "descrição do cargo", o presidente pode pedir a um funcionário que faça a limpeza.

Nossa sociedade é muito estranha. Aparentemente, o primeiro-ministro é muito nobre, mas, na prática, existem muitas coisas que estão fora do seu alcance. Enquanto isso, o presidente de uma pequena empresa não é tão valorizado pela sociedade, mas, na prática, possui grandes poderes ou pode usar o dinheiro com grande liberdade.

Por exemplo, sendo presidente de uma microempresa individual, ele pode tirar um dia de folga livremente mesmo durante a semana. No caso de um assalariado, ele não tem liberdade para tanto, uma vez que teria de justificar a falta aos colegas. Por outro lado, o gestor tem o grande mérito de poder tomar decisões com liberdade.

3

O gestor passa por aprimoramento devido ao risco de falência

Tudo o que é inútil desaparece por seleção natural

Um gestor possui um grande poder, mas, em compensação, se fracassar na gestão será o seu fim. Portanto, a responsabilidade é enorme. No Japão, alguns indivíduos chegam a cometer suicídio quando fracassam na gestão. Outros fogem da cidade. Mesmo não atingindo esses extremos, muitos estão desesperados com dívidas nas costas.

Existem atualmente alguns milhões de empresas no Japão e, anualmente, 10 a 20 mil entram em falência. Essa é a realidade da economia de mercado, na qual os fortes "engolem" os mais fracos.

Do ponto de vista religioso, a falência de um negócio é de fato algo muito lamentável. O presidente perde seu status social e isso pode inclusive motivar seu divórcio. Os funcionários ficam desempregados e são forçados a buscar recolocação. É muito triste.

Eu gostaria que esse tipo de sofrimento não existisse, mas, examinando a questão por uma perspectiva mais ampla, ou seja, pela visão da economia nacional ou mundial, é inevitável que as coisas inúteis sejam extintas por meio da seleção natural.

    Quando se oferece ao cliente um produto ou serviço que não recebeu boa avaliação do mercado, ele não vai se interessar e passa a procurar produtos ou serviços dos concorrentes. Com isso, a empresa entrará no vermelho. Se o governo conceder subsídios a essas empresas para não quebrarem, os impostos recolhidos pelo povo com tanto suor acabarão sendo desperdiçados. Esse tipo de complacência não é permissível. Consequentemente, a empresa acaba falindo.

    A falência é terrível, pois significa a morte de uma pessoa jurídica. É como a morte de uma pessoa. Entretanto, graças à falência, o gestor acaba se aprimorando.

O gestor sem patrimônio pessoal perde credibilidade

No Japão, praticamente todo o patrimônio pessoal do gestor acaba entrando como garantia. Além disso, o gestor deve assinar como avalista solidário. Caso fracasse na gestão empresarial, seus bens imóveis, sua poupança e tudo o mais será penhorado. Por isso, o sofrimento pelo qual o gestor passa pode lhe causar insônia.

    No passado, a Receita Federal exibia o ranking dos mais ricos e a lista dos maiores contribuintes do imposto de renda. Na verdade, a receita e a poupança pessoal do empresário serviam de crédito para bancos e fornecedores.

Os saldos bancários da pessoa jurídica não servem tanto para o crédito bancário, pois podem ser usados como capital de giro. Já a poupança pessoal tem credibilidade. Quando o empresário tem uma poupança razoável, ele é reconhecido como um empresário competente, pois em geral o capital de giro acaba consumindo tudo e nada sobra para a poupança.

Quando o presidente entra na lista de maiores contribuintes como pessoa física, fica evidente que sua empresa tem muito capital de giro, gerando alta credibilidade.

4

Identifique o potencial de crescimento do negócio

O empresário que investe em um imóvel para usá-lo como garantia está reprovado

O banco não costuma emprestar dinheiro para quem precisa, mas para quem não precisa. Quando uma empresa está em franco crescimento e constrói vários prédios no país, o banco lhe oferece muitos empréstimos. Ainda mais se o cliente disser que não está precisando.

No final do auge da bolha econômica japonesa[20], em torno de 1989, eu disse ao gerente de um banco: "Vocês não devem emprestar dinheiro com base na garantia imobiliária. O valor dos imóveis vai cair muito em breve. A atual valorização imobiliária não tem fundamento. Se continuarem emprestando com base nessa garantia, o banco vai falir".

Os gerentes não me deram ouvidos e disseram: "Isso não existe. Se há algo que nunca perde valor no Japão é terreno. Num país de tão pouco espaço territorial e grande densidade demográfica, basta ter terreno e não há com o que se preocupar. O valor de um terreno nunca diminui e só tende a subir. O Japão não é lastreado com ouro e sim com terreno. Por isso, quem não tem terreno não tem crédito".

Eu argumentava: "Está errado. Os bancos devem emprestar dinheiro com base na perspectiva de crescimento da empresa. Na era vindoura, será necessário estudar maneiras de identificar a perspectiva de crescimento dos setores industriais". Os bancos devem financiar os projetos

---

20 O termo refere-se à bolha financeira e imobiliária ocorrida no período de 1986 a 1991, em que os preços das ações do setor imobiliário ficaram muito inflacionados. O colapso da bolha durou mais de uma década, com o assentamento dos preços das ações em 2003.

analisando a perspectiva de crescimento do setor, a competência empresarial e a personalidade do gestor.

Por outro lado, o empresário não deve acumular imóveis somente com a intenção de obter financiamento quando sua empresa nem tem perspectiva de crescimento. Esse tipo de pessoa está reprovado como empresário.

Quando uma empresa está em franco crescimento, o dinheiro vai sendo absorvido pelo negócio em si, que requer muito capital, e não deveria ser investido em terrenos. Em vez de ter muitos imóveis, é preciso investir no empreendimento em si. Caso contrário, a empresa não cresce.

Enquanto isso, os bancos forçam o empresário a comprar imóveis e usá-los como garantia para o financiamento. Se fosse assim, até mesmo um leigo conseguiria ser gerente de banco.

Tenha uma visão do futuro e tome sua decisão assumindo o risco

Certa ocasião, fiquei impressionado com um banco metropolitano de grande porte. O funcionário me disse que os financiamentos de altas quantias eram analisados pelo diretor, que podia aprovar um limite de até 30 milhões de dólares. Porém, ao ouvir mais detalhes, fiquei sabendo que o cliente teria esse limite aprovado desde que tivesse um depósito em longo prazo de alto valor e que o financiamento não ultrapassasse o valor do depósito.

Fiquei abismado com essa informação. É possível chamar isso de trabalho? O limite de aprovação de 30 milhões de dólares para um financiamento sem depósito a prazo seria uma decisão razoável para um diretor. Seria perfeitamente compreensível se o diretor pudesse aprovar um financiamento desse valor porque o cliente está trabalhando com seriedade e tem perspectiva de crescimento. Mas não é isso. Tratava-se de um financiamento vinculado ao depósito a prazo de mais de um ano.

Se fosse um financiamento sem garantia real seria louvável, pois estaria vinculado a uma avaliação da competência de gestão empresarial. Em vez disso, era um financiamento baseado na garantia real. Isso nem deve ser classificado como trabalho.

O banco deve tomar a decisão de emprestar assumindo o risco. É preciso ter esse tipo de visão do futuro. E uma decisão importante para o banco é saber para quem emprestar.

Por outro lado, identificar a viabilidade dos seus empreendimentos é uma questão de suma importância para o empresário. Ele não pode ser muito arrogante nessa avaliação, pois não existe nada que cresça indefinidamente. Mesmo sendo uma grande empresa que tenha conseguido um crescimento contínuo, não se sabe quando poderá entrar em declínio por causa das mudanças econômicas. O importante é implementar inovações a cada momento.

5

Você tem equilíbrio emocional para lidar com um lucro de 1 milhão de dólares?

Em termos financeiros, quando a empresa está em crescimento deve manter a carteira aberta, caso contrário deve apertar o cinto. É preciso ter este senso.

O perigo surge quando a empresa obtém um pequeno sucesso e começa a sobrar um pouco de dinheiro. Quando o lucro anual chegar a 100 mil dólares começa a presunção. O presidente passa a ter comportamentos estranhos, considerando-se um gênio. Pessoas assim não conseguem um crescimento maior.

Outra faixa de lucro importante é a marca de 1 milhão de dólares. Quando consegue um lucro desse montante, o gestor fica alucinado e começa a pensar somente em como gastar; então, ele chegou ao fim da linha. Não há como ir além.

Assim, uma das qualidades necessárias ao gestor é saber também até que montante de lucro ele consegue lidar sem perder o equilíbrio emocional. Dentre as pessoas que não têm equilíbrio emocional, algumas ficam irrequietas com um lucro real. E há também aquelas que não conseguem operar uma empresa sem prejuízo. Outras se tranquilizam no ponto de equilíbrio e algumas querem gastar tudo o que sobrou.

Há indivíduos que não fracassam quando estão no ponto de equilíbrio, mas que falham quando sobra dinheiro. É assustador. Isso ocorre quando o lucro chega a 100 mil dólares ou 1 milhão de dólares, dependendo do equilíbrio emocional do gestor.

Quem for capaz de ultrapassar esses limites poderá ser considerado um sábio com um potencial um pouco maior. Quem consegue se segurar e se manter calmo com um lucro acima de 1 milhão de dólares é nobre.

Por exemplo, ao fazer a previsão de faturamento do ano seguinte, o gestor chega à conclusão de que obterá um lucro de 1,6 milhão de dólares. E decide fazer uma doação de 300 mil dólares a um programa social e, ao mesmo tempo, preservar 1,3 milhão como lucro líquido. Assim, o gestor procura aumentar ainda mais o lucro e, além disso, doa uma parte fazendo uma contribuição social. Um gestor desse tipo conseguirá crescer ainda mais.

Não é bom um gestor que pensa em investir todo o lucro para a ampliação dos negócios. Um gestor ideal não deve gastar tudo e recomeçar do zero.

6

É mais difícil gastar do que ganhar dinheiro

Sem a capacidade de ganhar dinheiro, não se pode ser presidente

Um ponto que todos os gestores devem ter em mente é o seguinte: ganhar dinheiro é muito difícil. Se um indivíduo conseguiu se tornar gestor, com certeza é porque tem talento para ganhar dinheiro. Pode ser que tenha competência para desenvolver novas tecnologias ou novos produtos, ou ainda, talento comercial ou de vendas, delegando para outra pessoa a tecnologia e os novos produtos.

Sem ao menos ter competência técnica ou comercial é difícil se tornar gestor. Embora alguns gestores sejam especialistas em finanças ou contabilidade, esse tipo de profissional só consegue ser presidente numa empresa acima de certo porte. Quando a empresa cresce e sua administração se torna complexa, pode-se ter um presidente de origem financeira ou contábil. Porém, numa pequena empresa é preciso ter habilidades técnicas ou comerciais para ser presidente. Em geral é assim.

Um fator de extrema importância é que só se torna presidente quem tem competência para ganhar dinheiro. E, para isso, é fundamental enxergar a necessidade do mercado ou da sociedade. Quem não tem esta visão acaba sendo extinto pela seleção natural.

É preciso saber suportar essa verdade implacável. Somente assim se torna possível criar uma boa empresa e um bom produto e, desse modo, contribuir de forma positiva para a sociedade. Portanto, o gestor deve aguentar a competição acirrada. Resistir, vencer e construir polos de lucro capazes de gerar superávit. E também é importante acumular lucros.

Muitas vezes, gastar é mais difícil do que ganhar dinheiro

Assim, ganhar dinheiro é extremamente importante, algo que um simples assalariado é incapaz de fazer. Entretanto, mais difícil que ganhar dinheiro é gastá-lo.

Acumular dinheiro até que é fácil, mas decidir como gastá-lo é muito complicado. Depois de certo nível de sucesso baseado numa ideia, o dinheiro vai se acumulando, pois o empreendimento começa a girar automaticamente. Tendo competência, isso é possível. Porém, saber gastar o dinheiro é difícil. Tenha consciência disso.

É raro que um indivíduo reúna essas duas aptidões. Se, no mínimo, ele não tiver o talento de acumular, não conseguirá ser presidente. Contudo, poucos são os empresários que possuem inclusive o talento de gastar. Por isso, as empresas contratam profissionais: se não trouxerem de fora especialistas em finanças e contabilidade, não se sabe o que o presidente pode "aprontar". Para proteger a empresa, contratam um vice-presidente, diretor ou gerente especialista e o deixam encarregado do dinheiro. Sem o aval dele, ninguém vai poder usá-lo.

Quando a empresa passa a ter cem funcionários, é preciso ter um responsável pela área financeira, porque, sem ele, pode ocorrer de o presidente gastar o dinheiro por impulso. Portanto, essas duas habilidades são muito diferentes, e a de gastar é muitas vezes mais difícil do que a de ganhar.

Avalie o efeito do dinheiro gasto

Konosuke Matsushita, da Panasonic, costumava dizer que gastar é três vezes mais difícil, porque é preciso saber medir o resultado. Afinal, o dinheiro gasto teve resultado ou foi desperdiçado? Foi útil? O investimento foi efetivo ou ineficiente? Deve-se avaliar o resultado, e isso requer sabedoria.

Embora Matsushita tenha dito que, numa empresa normal, gastar é três vezes mais difícil, na administração de uma instituição religiosa sinto que essa tarefa ainda é mais árdua. Além disso, também exige muita sabedoria.

No caso da Happy Science, precisamos levar em consideração se o dinheiro gasto teve efeito verdadeiramente como investimento, se os membros gostaram e também se a imprensa e a sociedade não estranharam a forma como foi gasto.

Portanto, devemos observar por diversos ângulos, analisar com olhares múltiplos. Não basta querer usar o dinheiro compulsivamente. Será que a maneira atual de gastá-lo está correta? E sob a ótica dos membros? E sob a ótica da sociedade? E sob a ótica de quem crê na religião? E de quem não crê? E sob a ótica interna da instituição? E, ainda, sob a ótica do futuro, de três, cinco ou dez anos à frente?

Mesmo levando-se tudo isso em conta, não é suficiente. Devemos ainda avaliar o resultado do gasto. Sem essa avaliação não será um estudo de gestão. E se foi um fracasso, não se pode gastar mais.

Se você atualmente é um gestor empresarial, creio que tem algum talento para ganhar dinheiro; porém, tenha consciência de que saber gastá-lo é ainda mais difícil.

Não há escola que ensine a gastar dinheiro, e a única forma de aprender é na prática. Quem tem sorte pode ouvir profissionais do mesmo ramo ou gestores experientes para tê-los como referência ou ainda estudar livros dessa área. De qualquer maneira, na verdade vai ser difícil entender esse material.

Saber gastar dinheiro é uma competência que você terá de adquirir sozinho na prática, e não constitui um aprendizado teórico.

7

Seja duro consigo mesmo

Sem aprimorar continuamente sua sabedoria e sua visão, o presidente se tornará obsoleto

Se o gestor tiver competência para ganhar dinheiro e adquirir também a competência para gastá-lo, o empreendimento girará e crescerá ainda mais.

Sem dúvida, saber usar as pessoas é importante, mas na gestão existem diversos outros aspectos a considerar: primeiro, deve-se ter competência para ganhar dinheiro. E, para isso, é preciso ter ideias, técnicas e competência comercial. Depois, mais que tudo, você deve lutar contra o medo de que, se não fornecer o que a sociedade está querendo, vai deixar de ser necessário para a sociedade.

O lucro só aparece quando você tem o apoio da sociedade, e isso é sublime. Porém, saber usar o dinheiro que entrou em forma de lucro também é importante; é uma tarefa difícil e que requer sabedoria. Todos os anos, recomendo que se estude como se deve ganhar e gastar o dinheiro.

Não podemos ser indulgentes conosco. O importante é nos enxergarmos com objetividade. O gestor deve aprimorar sua sabedoria e sua visão constantemente. Se ele não acompanhar no mesmo ritmo o crescimento da empresa, ficará para trás e será descartado; o presidente pode se tornar sua maior "sucata". Para um presidente que está sujeito a se tornar obsoleto seria arriscado almejar a expansão do negócio. Pense bem e analise se você tem um potencial compatível com uma empresa de dez, cem ou mil funcionários. Se achar que corre o risco de ser sucateado, é melhor não fazê-la crescer além da sua capacidade.

Se isso ocorrer, você poderá tropeçar e acabar provocando uma tragédia, sendo forçado a despedir muita gente. Numa empresa de cem funcionários, há em torno de trezentas a quatrocentas pessoas dependendo desses salários, incluindo-se os familiares. Com quinhentos funcionários, seriam cerca de 2 mil pessoas a depender da empresa. É realmente muito grave.

A gestão empresarial não pode ser realizada de forma leviana pelo gestor. É preciso ter uma sabedoria imensurável, lutar com tamanha responsabilidade. Uma pessoa indulgente consigo mesma não serve para o cargo.

Para o gestor, ser austero consigo mesmo é uma prática de amor

A Happy Science prega o ensinamento do "amor que se dá". E, no caso do gestor empresarial, esse tipo de amor deve ser praticado em forma de austeridade consigo mesmo, com o trabalho e com os produtos da empresa. Esse olhar austero é que vai se transformar no amor para com a sociedade e também para com os funcionários.

O gestor empresarial é diferente de uma pessoa comum. Ele é um líder e, como tal, deve ser rigoroso consigo mesmo quanto ao seu esforço e à sua competência e em relação à sua meta. Seja austero consigo mesmo.

Além disso, pesquise exaustivamente o seu trabalho. Se você for da área comercial, empenhe-se ao máximo, investindo todas as suas forças nessa tarefa, mesmo que isso lhe traga algum desconforto físico como insônia ou mal-estar, pois só assim seu esforço será considerado verdadeiro.

Portanto, não queira crescer além do seu potencial. Se você deseja crescer, antes deve se aprimorar de maneira impecável, fazer um investimento meticuloso em si mesmo pensando no futuro. Esse tipo de luta diária é a vocação e a missão do gestor. Conscientize-se e cumpra sua missão. Se o seu senso de missão for medíocre, é melhor reduzir o tamanho da empresa e tentar escapar mantendo o status quo. Ou ainda, se você considera sua competência insuficiente, vender a empresa é também uma opção.

A competência para gestão é realmente um talento concedido por Deus de acordo com a nobreza de propósito e do nosso esforço. É preciso ter, no mínimo, o talento para ganhar dinheiro e também para gastá-lo. Sem isso não há como continuar o empreendimento. Grave essa mensagem no fundo do coração.

CAPÍTULO 7

Conselhos úteis para a gestão

~ O preparo espiritual que o gestor deve
ter para criar alto valor agregado ~

Conselhos úteis para a gestão

1

Conceitos para aumentar os resultados

No presente capítulo pretendo dar alguns conselhos úteis para a gestão de empresas.

O ensinamento fundamental da Happy Science baseia-se em quatro princípios que chamamos de Quatro Corretos Caminhos: amor, conhecimento, reflexão e desenvolvimento. Os ensinamentos relativos à gestão empresarial pertencem sobretudo ao princípio do desenvolvimento. Eu acredito que o sucesso, a prosperidade e o desenvolvimento econômico fazem parte do Princípio da Felicidade.

Se fosse uma religião de milênios atrás, talvez bastasse pregar o ensinamento do desapego; porém, no mundo contemporâneo, o que aconteceria com uma empresa cujo presidente eliminasse o apego e desistisse de aumentar seu faturamento e seus lucros?

O desapego do presidente poderia até ser algo salutar, mas suas dezenas ou centenas de funcionários ficariam desempregados e perderiam a fonte de renda para manter a família. Como consequência, muitos problemas negativos surgiriam a partir dessa situação: desagregação familiar, doença, suicídio etc. Assim, com base na lei de causa e efeito, devemos considerar que a falência de uma empresa é um mal. Ou seja, que no balanço o déficit é um mal e o superávit um bem, e que é sempre desejável a expansão dos negócios.

Se conseguirmos estabilizar a gestão de muitas empresas, garantir o futuro dos seus trabalhadores e uma vida feliz a eles, com certeza reduziremos os potenciais candidatos ao Inferno. Entretanto, nos últimos tempos, mais de 10 mil empresas estão falindo anualmente no Japão. Seria bom se a recolocação fosse possível para todos os que perderam o emprego, mas, não sendo possível, o espaço do Inferno sem dúvida vai crescer.

Existem leis que regem o mundo terreno, e é preciso sabedoria para evitar que esses eventos tristes ocorram. Por isso, eu venho transmitindo ensinamentos sobre a gestão para que sirvam de referência, embora nem sempre seja possível salvar todas as pessoas.

Seria muito gratificante se surgissem empresários e funcionários que aprendessem essas dicas e conseguissem reestruturar a empresa e fazê-la crescer, evitando assim o déficit e a falência.

Na prática, é difícil salvar todas as empresas; contudo, é preciso começar pela correção do pensamento, pois ele é decisivo para gerar resultados. É difícil conseguir bons resultados a partir de pensamentos errôneos.

2

A tendência deflacionária mundial que a economia globalizada causou

Pense em como sobreviver num ambiente desfavorável em vez de esperar que o ambiente melhore

No Japão, houve o estouro da bolha econômica a partir de 1990, começando pela queda do preço dos imóveis e pela desvalorização de ativos, avançando para a queda abrupta no preço das ações e para o aumento dos casos de falência e desemprego.

Depois, houve uma queda no preço das mercadorias de primeira necessidade, o que provocou uma tendência deflacionária e causou até mesmo uma redução no salário de funcionários públicos.

No início, todos pensavam que se tratava apenas de uma queda no preço de terrenos, mas depois essa onda foi expandindo para outras áreas, provocando o fenômeno da queda geral de preços. Na época, muitos acreditavam que a deflação era um pesadelo passageiro e que bastavam algumas ações do governo para que tudo voltasse ao normal em um ou dois anos. Essa ilusão era difícil de ser descartada.

Com certeza isso não seria impossível se o governo estabelecesse metas claras para inflacionar o mercado e fizesse de tudo para que a inflação voltasse. Porém, se ele estabelecesse metas inadequadas, precisaria pagar as contas posteriormente.

Tal como ocorreu em 1950, quando houve um aumento artificial da demanda (provocado pela guerra da Coreia), muitos esperavam que houvesse alguma demanda especial. Entretanto, é inevitável afirmar que o governo é impotente em relação a quaisquer políticas econômicas. É melhor desistir da ideia de que governo seja capaz de elaborar alguma medida apropriada.

Mesmo que haja uma demanda especial causada por alguma guerra, sempre ocorrerá o efeito pêndulo. Portanto, por princípio, o caminho ideal é pensar em como sobreviver dentro da corrente atual, sem esperar por uma melhora do ambiente.

Os países em desenvolvimento estão derrubando o custo de vida dos países industrializados

Ao observarmos a tendência mundial, a grande corrente é deflacionária. Na realidade, há países em desenvolvimento que estão crescendo economicamente.

Na China, o índice de crescimento econômico anual[21] está acima de 10%, semelhante ao boom econômico japonês de algumas décadas atrás. Nesses países ainda existe inflação. Mesmo assim, a mão de obra é mais barata do que nas nações industrializadas, o que faz com que as bases de produção das empresas sejam transferidas para países em desenvolvimento, barateando os preços dos produtos.

Essa é a causa da queda de preços nas nações industrializadas. Como esse é um mecanismo de âmbito global, não é possível uma nação estabelecer alguma política contrária. Se o Japão quiser combater a deflação, terá de se tornar uma nação fechada para o comércio internacional, o que é impossível no cenário econômico internacional do mundo atual.

Não há como estabelecer algumas medidas com base exclusivamente na diretriz de uma nação.

Diante dessa economia globalizada, é inviável querer mudar a corrente maior, uma vez que a queda dos preços nas nações industrializadas é causada pelos países em desenvolvimento.

---

21 Índice referente a 2003, época em que esta palestra foi realizada.

3

Inclua nas análises empresariais a queda geral de preços provocada pelas inovações tecnológicas

Os preços cairão devido aos benefícios da modernidade

Podemos considerar, ainda, que o custo de vida cairá com o aumento da produtividade. Seria estranho se isso não ocorresse.

A todo momento surgem inúmeras invenções, e o mundo está cada dia mais prático. Obviamente, a produtividade no trabalho irá aumentar. Seria um absurdo se a produtividade caísse com a introdução de ferramentas modernas.

Por exemplo, no passado os cálculos eram feitos à mão com o uso de um ábaco; agora é tudo mecanizado, o que facilitou essa tarefa. O rendimento do trabalho está aumentando; assim, hoje um indivíduo recebe um salário de 2 mil dólares para realizar o mesmo serviço que antes era feito por alguém que ganhava 3 mil dólares.

Portanto, com os processos sendo facilitados pelas máquinas, se o nível técnico do trabalhador não aumentar o salário obviamente vai diminuir. O mesmo ocorre com o preço das mercadorias, que certamente vai cair. No passado, um computador custava milhões de dólares e era inacessível para as empresas comuns. Seu preço foi caindo para centenas de milhares, depois para dezenas de milhares e agora é possível comprar um computador pessoal por alguns milhares de dólares. O preço das mercadorias sofre grandes quedas.

Mesmo que uma empresa obtenha altos lucros vendendo seus produtos a centenas de milhares de dólares, seus preços tendem a sofrer uma queda drástica. Portanto, será necessário vender cem vezes mais para gerar o mesmo lucro do passado. Se as vendas não aumentarem, o lucro cairá cada vez mais e a empresa falirá.

Assim, num mundo em contínuo desenvolvimento e que se torna cada vez mais prático com as inovações tecnológicas, se o preço das mercadorias não cair, algo está errado, ou seja, existe alguma ineficiência no processo.

De fato, no passado, quando o computador foi desenvolvido e disseminado, era uma máquina enorme e de péssimo desempenho.

Em muitas empresas a gestão piorou com a introdução do computador: para usá-los foram necessários gastos em sua implantação e, além disso, as empresas tiveram de contratar digitadores para entrar com os dados, aumentando o número de funcionários em vez de reduzi-lo. Os bancos começaram a usar computadores a partir da década de 1960, mas nunca ouvi dizer que o número de funcionários tenha sido reduzido graças ao computador. Nos últimos anos, está havendo uma redução de bancários por causa da reestruturação no setor, mas no passado houve um aumento de trabalho e de funcionários devido à introdução dos novos sistemas.

Entretanto, esse não foi o objetivo original. À medida que a civilização avança e surgem novas facilidades, a produtividade deve aumentar. Esse é o sentido da inovação tecnológica.

Se a produtividade não aumenta, está havendo desperdício em algum lugar

Tal como no passado, quando o computador só gerava o aumento do número de funcionários e o sistema não funcionava de acordo, há casos em que, apesar das inovações tecnológicas, as dificuldades só aumentam.

Hoje, as empresas também usam o e-mail, mas se ele servir apenas para trocar informações inúteis e a produtividade do trabalho não aumentar, significa que está havendo desperdício de tempo.

Antigamente, os funcionários comuns não conseguiam falar com o presidente, mas o e-mail tornou possível a troca direta de mensagens com ele. Parece uma coisa boa; entretanto, se o presidente recebe um grande número de informações irrelevantes e responde a todos os e-mails, é preciso reduzir seu salário. Ele deveria estar tomando decisões de alto nível, mas está perdendo tempo em afazeres irrelevantes.

Apesar das facilidades trazidas pelo progresso à civilização, se a produtividade no trabalho não estiver aumentando, significa que em algum lugar estão sendo gerados muitos desperdícios, que devem ser eliminados ao longo do tempo.

Conforme os desperdícios são eliminados, os preços gerais vão caindo e o custo da mão de obra também. E, se o nível de trabalho for mesmo, o salário deve cair. Tudo isso é óbvio. Tanto os preços gerais quanto o custo da mão de obra devem cair proporcionalmente às máquinas instaladas.

Se quiser manter o mesmo nível salarial, será necessário gerar pouco mais de valor agregado.

De acordo com a tendência geral, a queda de preços significa um avanço no aumento da eficiência. Como resultado das inovações tecnológicas, a teoria de Marx[22] – de que o valor do trabalho por hora de atividade é igual para todos – foi completamente destruída e está sendo comprovado que muitas tarefas podem ser realizadas em

---

[22] Karl Marx (1818-1883) foi um filósofo, sociólogo e revolucionário socialista alemão. É considerado uma das figuras mais influentes da história da humanidade. (N. do E.)

poucas horas e com baixo custo por meio do desenvolvimento de máquinas práticas.

É preciso reconhecer essa grande tendência mundial e gravar na mente que o aumento do preço dos produtos é estranho. Se novos carros vão sendo desenvolvidos, é natural que os veículos de bom desempenho fiquem mais baratos. Caso contrário, não há como vencer a competição. Portanto, é preciso saber que, por princípio, existe uma tendência de queda nos preços gerais.

4

Não há como sobreviver somente com a concorrência de preço

Gere um produto de alto valor agregado, alta qualidade e alto desempenho

Para superar a tendência de queda dos preços, não há outra maneira a não ser gerar um produto com valor agregado maior que o do passado. Não há como vencer se você não lançar um produto de melhor qualidade e desempenho que o tradicional ao mesmo preço. Essa é a batalha das empresas atuais.

Os grandes supermercados sofreram no passado por não conseguirem realizar essa façanha. Por exemplo, na época em que o valor dos terrenos subia constantemente no Japão, quando o supermercado Daiei construía uma nova loja, comprava um terreno maior do que necessitava. Como o preço do terreno dobrava após o lançamento da loja, o banco concedia o financiamento tendo o terreno como garantia. Assim, o supermercado Daiei se endividava, estimando o aumento do valor patrimonial para ampliar seus negócios. Então, eles anunciavam a "revolução de preço pela metade".

Contudo, eu estava vendo que um dia o supermercado Daiei entraria em colapso, uma vez que se endividar estimando que o valor do terreno vai subir não é compatível com a "revolução de preço pela metade".

Adotar a tática de fazer o faturamento crescer abrindo lojas alavancadas pelo aumento do valor da garantia real com base na alta do preço do terreno, e por outro lado, anunciar a "revolução de preço pela metade" só seria possível destruindo os concorrentes ou aumentando a população. Teoricamente, essa estratégia leva ao colapso. E de fato isso aconteceu. Além disso, o Daiei talvez tenha sido derrotado por lojas especializadas em desconto que têm mais agilidade e versatilidade.

Quando o mercado está com o preço em declínio, a empresa que fica apenas observando e não gera produtos de alto valor agregado acaba falindo. É preciso ter a consciência teórica de que essa atitude empresarial, por princípio, leva à falência, a menos que se consiga eliminar os concorrentes ou que a população cresça.

O Japão deve aceitar estrangeiros vindos de nações em desenvolvimento e aumentar sua população?

Talvez você não esteja percebendo, mas a população americana está aumentando. Muitos japoneses acham que o território americano é 25 vezes maior que o japonês, e que sua população tem o dobro do tamanho. Entretanto, como é uma nação boa para se viver e atrai muitos estrangeiros, a população americana já ultrapassou 300 milhões de habitantes e está se expandindo para chegar a 400 milhões.

A população japonesa chegou ao seu limite com 130 milhões e está começando a diminuir. Enquanto isso, a americana está avançando para chegar a 400 milhões. Quando isso ocorrer, sua população será três vezes maior que a japonesa.

Quando a população de uma nação cresce, mesmo que os preços estejam em queda a economia continua crescendo. Se a população decrescer aos poucos e os preços continuarem a se reduzir, a renda total cairá e haverá um aumento nas falências empresariais.

Conselhos úteis para a gestão

O que o Japão deve fazer, considerando-se que ele vive exatamente esta situação? Em primeiro lugar, existe a solução de aumentar a população. A solução seria aceitar 50 milhões de imigrantes do sudeste asiático e da África, adotando o estilo americano, que é aberto. Assim, eles poderiam ser encaminhados para trabalhar na construção civil.

Há cerca de algumas décadas a cem anos, os intelectuais japoneses estudaram nos EUA lavando pratos. Muitos deles voltaram e se tornaram altos funcionários do governo. Da mesma maneira, é válida a ideia de aumentar a população japonesa aceitando imigrantes oriundos de nações em desenvolvimento.

Por exemplo, quando um imigrante africano vem ao Japão, ele consegue uma alta renda quando comparada com a do seu país, mesmo que seja como ajudante. É válida a ideia de trabalhar no Japão, estudar ao mesmo tempo e ser bem-sucedido após retornar à sua nação.

Entretanto, está difícil avançar no estágio atual, pois as barreiras, como as diferenças de hábito e de idioma, são grandes. Além disso, a ideia de aumentar a população admitindo imigrantes estrangeiros não é bem-vista pelo povo japonês devido aos problemas de segurança e aos conflitos culturais. Por essa razão, prevê-se que a força do Japão tenderá a declinar se continuar assim.

A empresa entrará em falência se continuar baixando o preço

Para sobreviver em meio a esse ambiente, a empresa não deve insistir somente na redução do preço, pois, se continuar assim, vai falir. Para que isso não ocorra existe o método de engolir os concorrentes, se a empresa tiver capital para fazê-lo. É possível aumentar o faturamento pela redução do preço se a empresa se aproveitar da força do capital disponível e da produção em larga escala.

Para um produto que tenha cobertura no mercado de grande escala e estimativa de grande consumo, é viável o método de reduzir drasticamente o preço e aumentar sua participação, engolindo os concorrentes. Porém, esse não é um pensamento celestial, e tampouco gera felicidade.

5
A solução para a sobrevivência de pequenas e médias empresas está no desenvolvimento de produtos de alto valor agregado

Combata a pressão para reduzir o preço com produtos e serviços que a concorrência não consiga imitar.

Naturalmente, são poucos os gestores de grandes empresas. Estatisticamente, mais de 99% dos gestores são de pequenas e médias empresas.

O que as empresas de pequeno e médio porte devem pensar em termos de sobrevivência é: "Por princípio, não é possível vencer as grandes empresas na briga de preços". Claro, existe a demanda por um preço menor; no entanto, quando as empresas menores entram nessa briga, sempre perdem para as grandes.

Quando uma pequena ou média empresa entra na guerra de preços, esse caminho é um beco sem saída. Por uma questão de sobrevivência, você até pode entrar momentaneamente nessa guerra, mas a médio e longo prazo estará apertando o seu pescoço e inevitavelmente vai falir.

Ou, então, se você for uma empreiteira contratada pela grande empresa, talvez seja absorvida por ela. Quando você fornece para um único cliente, ele pode exigir uma redução no preço; você começa a ter prejuízo e no final acaba sendo absorvido pelo cliente.

As grandes empresas cobiçam as empreiteiras para comprá-las dessa maneira. Em meio à guerra de preços, as pequenas e médias empresas estão programadas para quebrar.

Desse modo, para que as pequenas e médias empresas sobrevivam prosperando e crescendo, por princípio o único caminho viável é desenvolver produtos ou prestar serviços de alto valor agregado, que outros não consigam imitar, usando a criatividade. É importante criar produtos que possam ser vendidos a um alto preço, agregando valores e assim rebatendo as pressões para o barateamento.

As pequenas e médias empresas sempre perdem das grandes quando se trata de produtos de primeira necessidade devido ao tamanho do mercado, que é demasiadamente grande. Nesse mercado de artigos que são consumidos por todos, as grandes empresas sempre vencem.

Por serem baratos e de boa aceitação, parece fácil conquistar uma participação no mercado de produtos de primeira necessidade. Por isso, os empresários de pequenas e médias empresas tendem a mirar esse mercado. Quando surgem dificuldades na gestão, eles pensam que esse mercado de produtos baratos e de fácil venda pode gerar lucros e melhorar os resultados da empresa; mas esse é um caminho em que os vencedores são as grandes empresas.

Até mesmo para as grandes empresas, a gestão se torna difícil quando o lucro cai no mercado de produtos baratos e vendáveis. Quando há competição nesse mercado, invariavelmente as pequenas e médias empresas quebram antes das grandes.

Não há outro caminho para as pequenas e médias empresas sobreviverem a não ser desenvolver produtos ou serviços de alto valor agregado.

Quando almejam um mercado grande demais, as pequenas e médias empresas são derrotadas

O que seriam, afinal, itens de alto valor agregado? Não são produtos de que todos precisam. Não existem produtos de alto valor agregado que sejam consumidos por toda a população. O que todos precisam são produtos de primeira necessidade que possam ser produzidos em larga escala.

Os itens que podem ser produzidos em grande quantidade tendem a ter seus preços em queda; portanto, não se deve almejar esse tipo de produto. Para criar produtos de alto valor agregado é preciso se concentrar em uma parcela de pessoas que pense: "Este não é um produto imprescindível, mas é bom!". É assim que se gera um novo valor.

Quando o mercado é demasiadamente grande, as pequenas e médias empresas sempre perdem das grandes. Por mais que estas descubram um novo nicho, à medida que ele cresce, as grandes invadem e tentam derrubá-las.

Sempre que as pequenas e médias empresas almejam o mercado de produtos de primeira necessidade ou algum mercado grande demais, no final são derrubadas pelas grandes empresas e expulsas. Por isso, devem visar um mercado que não seja tão grande, mas que, ao concentrar seus esforços e se especializar, consigam desenvolver tecnologia e serviços de alto nível que a concorrência não possa copiar.

O mercado não pode ser nem pequeno nem grande demais. É preciso conquistar um mercado que uma grande empresa não seja capaz de invadir com facilidade e se concentrar num setor em que se possa criar produtos ou serviços de alto valor agregado. Se não fizerem isso, dificilmente as pequenas e médias empresas irão sobreviver de agora em diante.

Você pode optar por participar de grandes mercados por dois ou três anos e depois sair dele. Porém, as ideias irão se esgotar se você ficar repetindo esse processo.

6

Estreitar o foco do negócio é o caminho para a sobrevivência das pequenas e médias empresas

Invista os recursos empresariais nos seus pontos fortes

As pequenas e médias empresas costumam participar da luta pelo mercado em condições precárias: "Pouco capital e poucos funcionários; difícil negociação com os bancos;

clientes que derrubam o preço na compra etc.". Além disso, contam com uma equipe de vendedores pequena em relação às grandes empresas. É preciso pensar em como lutar contra as grandes empresas com poucos recursos empresariais.

Atualmente, as grandes empresas também passam por dificuldades e perderam a frieza para raciocinar. Quando identificam alguma chance de sucesso, vêm com tudo, e não estão nada preocupadas em quebrar as pequenas e médias empresas.

Para sobreviver atacando as "brechas" deixadas pelas grandes empresas, as pequenas e médias devem apostar em seus diferenciais. E, para isso, é fundamental concentrar os recursos empresariais; elas jamais devem tentar explorar áreas diversas de forma indiscriminada.

Em particular no caso das pequenas e médias empresas, o presidente costuma ter complexo de inferioridade em relação às grandes e tende a imitá-las. As grandes em geral adotam um estilo generalista e atuam em diversas áreas, mantendo uma linha completa de produtos. Têm a tendência de se mostrar poderosas participando de muitos segmentos e expondo produtos para diferentes setores. Esse tipo de DNA já deve ser considerado obsoleto.

No período de grande crescimento econômico, ter uma linha completa de produtos causava uma boa impressão, pois era prova de grandeza. Dava a sensação de estar sendo útil à sociedade. No entanto, atualmente todas as empresas generalistas correm o risco de se deteriorar. É preciso pensar que as empresas que tentam agradar a todos estão prestes a falir. No passado, ter departamentos diversos era um ponto forte. Hoje em dia, muitas vezes, é um ponto negativo.

Nas *trading companies* existem diversas unidades de negócio e sempre há algumas que estão no vermelho. O déficit de uma unidade é coberto pelo superávit de outra e, no total, dão lucro. Era assim que as *trading companies* eram administradas. Porém, quando a situação financeira da organização piora muito, a tentativa de preservar sua imagem mantendo as unidades deficitárias acaba prejudicando a empresa.

Se o gestor tentar manter as unidades deficitárias para preservar a imagem da companhia, no final o rombo pode crescer a ponto de não ser possível cobri-lo. As empresas que vivem de aparência e imagem acabam passando por angústias.

Ser generalista era bom no período de grande crescimento econômico, mas na época atual está ficando difícil se manter. O modo de sobreviver não é ser generalista e sim estreitar o foco do negócio em produtos que vendem e fazê-los crescer. É isso que você deve saber.

Mesmo as grandes empresas estão perdendo o orgulho e fechando filiais

Nas grandes empresas, há um ponto fraco característico: no período de grande crescimento econômico, criavam-se muitas filiais para melhorar o balanço da matriz. Dezenas ou centenas delas eram estabelecidas para absorver os números negativos da matriz quando seu balanço piorava. Além disso, os executivos de altos salários que se tornavam inúteis eram transferidos para as filiais ganhando um salário cerca de 30% menor. Assim, a matriz procurava não apresentar seu déficit no vermelho transferindo-o para filiais.

As filiais não assumiam diretamente os empréstimos do banco. A matriz fazia um grande empréstimo e distribuía o saldo às filiais. Assim, mesmo deficitárias as filiais conseguiam grandes montantes de capital. Dessa maneira, por meio da dispersão das unidades deficitárias, a empresa procurava demonstrar a aparência de uma gestão salutar, reduzindo o número de funcionários da matriz e dando a impressão de racionalização gerencial. Porém, na realidade, havia cerca de dez vezes mais funcionários nas filiais do que na matriz. Muitas grandes organizações praticavam uma gestão relapsa como essa.

Atualmente, a tendência das grandes empresas é fechar as filiais. Aquelas unidades deficitárias que já deveriam ter sido cortadas e eram mantidas por uma questão de orgulho agora estão sendo desativadas.

A partir de agora, as pequenas e médias empresas devem se especializar em guerras locais limitadas

Se as grandes estão passando por tais dificuldades, as pequenas e médias devem evitar uma atuação generalista. A partir de agora, elas devem se especializar cada vez mais e desenvolver profundos conhecimentos, tecnologias e experiências, porque sem a especialização não há chance de vencerem as grandes. Essa é a maneira de se guerrear em áreas restritas.

As grandes são fortes no todo, mas uma empresa com apenas 10% do tamanho pode até vencer se concentrar seus esforços numa única área. É preciso adotar uma estratégia de guerra capaz de vencer as grandes empresas em áreas específicas, usando os diferenciais no acúmulo de know-how, na qualificação de recursos humanos, na riqueza de variações de produtos específicos etc. Esse tipo de pensamento é importante.

As pequenas e médias empresas não devem adotar a estratégica de manter uma linha completa de produtos como se fossem uma loja de departamentos. É preciso analisar as vendas e se concentrar em produtos de vendas em crescimento e produtos vendáveis. Se elas se detiverem em poucos segmentos e procurarem ter uma linha completa para eles, mesmo sendo pequenas ou médias poderão vencer as grandes empresas.

As grandes têm uma linha completa de tudo, mas praticamente não há casos de terem uma linha completa de produtos para uma área específica.

Para atacar as brechas deixadas pelas grandes é de extrema importância concentrar-se num setor específico. O caminho para a sobrevivência das pequenas e médias é investir nas áreas em que são mais competentes do que as grandes.

7
Migre os recursos empresariais ousadamente para as unidades de negócio lucrativas

O gestor deve tomar a decisão de descartar as unidades deficitárias

O que devemos fazer para nos concentrarmos em unidades específicas? No caso de uma empresa antiga, é provável que ela tenha criado diversas unidades de negócio ao longo de sua existência seguindo a tendência generalista, enquanto a economia ia bem. Por isso, é importante analisar sua estrutura interna e fazer uma classificação das unidades de negócio.

O gestor deve fazer uma transferência audaciosa dos recursos da empresa – pessoas, materiais, dinheiro e informações – levando-os das unidades não lucrativas, que existem somente para manter a imagem da organização, para as unidades lucrativas ou que serão potencialmente lucrativas a partir de agora.

Quanto às unidades não lucrativas e deficitárias que não têm futuro, o importante é como descartá-las e abandonar esse segmento com um mínimo de danos. Mesmo que elas tenham sido criadas pelo presidente e tenham apresentado bom desempenho no passado, se não estiverem bem atualmente, deverão ser desativadas. O presidente não pode ter orgulho em preservá-las só porque as criou. Isso vale tanto para as pequenas e médias empresas como para as grandes.

Alguns anos atrás, até mesmo a Panasonic experimentou uma grande reestruturação e a unidade "ferro de passar", criada pelo seu fundador, Konosuke Matsushita, foi fundida com outra unidade. Mesmo uma grande organização como essa precisa passar por uma reestruturação dos negócios.

Antigamente, o ferro de passar era um produto altamente rentável, mas seria realmente muito estranho se essa unidade continuasse a existir nos dias de hoje. Por outro lado, não é fácil descartar uma unidade muito tradicional, a menos que seja deficitária.

Observando a situação por outro ângulo, o déficit é um bom momento para realizar reformas estruturais na empresa. E numa oportunidade como essa é importante fazer uma incisão cirúrgica nas unidades não lucrativas. A recessão econômica pode ser um evento positivo, porque permite que a empresa se reorganize e tenha uma estrutura saudável.

É preciso eliminar as unidades deficitárias e realocar os funcionários de produção e vendas para as unidades lucrativas ou para aquelas que têm perspectiva de crescimento, mesmo não sendo tão lucrativas no momento.

Conforme mencionei no Capítulo 2, "Como se tornar um autêntico líder", uma das metodologias de avaliação de negócios é a Curva de experiência ABC. Trata-se de um método que distribui as atividades em A, B ou C conforme os resultados da empresa.

Há ainda o Princípio de Pareto, que classifica as unidades de negócio em lucrativas ou não lucrativas segundo a regra 80/20, ou seja, o princípio pelo qual 20% dos produtos representam 80% do faturamento total.

Existe também o Princípio dos 95%, que consiste em preservar as unidades que representam 95% do faturamento total da empresa, descartando os 5% restantes.

Seja qual for o critério utilizado, essa é uma decisão extremamente difícil para o líder da empresa. Na hora do corte talvez surjam sentimentos do tipo: "É doloroso fazer o corte" ou "Tenho medo de provocar uma queda no faturamento", mas basta transferir os vendedores das unidades deficitárias para as lucrativas e a força de vendas crescerá e, como consequência, também os resultados empresariais. É preciso fortalecer as unidades lucrativas. Esse tipo de pensamento é essencial.

Não despreze os "produtos Cinderela"

Não se pode cometer o erro de eliminar as unidades deficitárias ou de baixa lucratividade que ainda têm um potencial de crescimento futuro. Não se pode descartar a "árvore do dinheiro".

Existem casos de produtos ou negócios que são desprezados, mas ainda geram um lucro razoável sem dar tanto trabalho. Temos de ter cuidado, pois muitas vezes acabamos nos esquecendo deles. Embora ninguém perceba, podem estar gerando um bom lucro e sem muito gasto.

Eles são chamados de "produtos Cinderela". A Cinderela, sendo enteada, era maltratada por todos, mas tinha qualidades para ser uma princesa. De repente, isso pode estar ocorrendo com alguns dos seus produtos: "eles possuem qualidades que ninguém percebeu".

Às vezes, o presidente incompetente de uma empresa investe muito em um produto que não vende. Esforça-se para encontrar uma solução pensando: "Este produto está se tornando um transtorno para nós. Precisamos dar um jeito de aumentar suas vendas".

Quando um produto não vende, há alguma razão por trás. Ou seja, o cliente não se interessa em comprá-lo. Entretanto, quando esse produto fica encalhado como estoque morto e começa a afetar os resultados da empresa, o gestor pensa em dar um jeito para vendê-lo e investe em propaganda, aumenta a equipe de vendas etc. São muitos os gestores que levam a empresa à falência com atitudes desse tipo.

Por outro lado, há também produtos que vendem mesmo sem propaganda ou esforço de vendas. Estes são os "produtos Cinderela" desprezados pela empresa.

Na verdade, é preciso reduzir o empenho nos produtos que não vendem e investir naqueles vendáveis. Os produtos que vendem mesmo sem esforço deveriam receber mais atenção. No entanto, são os não vendáveis que acabam recebendo. Por favor, preste atenção para que esse tipo erro não seja cometido.

8

Mude seu raciocínio: em vez de orientado à empresa, passe a ser orientado ao cliente

Aumente a velocidade do trabalho ou a qualidade do serviço de acordo com a necessidade do cliente

O costume de priorizar artigos não vendáveis também pode ser visto em supermercados. Quando se colocam os produtos nas prateleiras, o gerente incompetente instintivamente disponibiliza na primeira fileira os produtos cuja data de fabricação é mais antiga, escondendo nas últimas fileiras os de data mais recente. Procurando esgotar o estoque dos itens mais antigos, o gerente se sente competente.

Entretanto, esse é um pensamento egocêntrico. Apesar de acreditar que está reduzindo o estoque morto, os produtos velhos são invendáveis. Se o gerente levasse em consideração a posição do cliente, veria que isso é um absurdo.

No Japão, empresas competentes como a 7-Eleven[23] mantêm o controle dos produtos que mais vendem, de

---

[23] Fundada em 1927 no Estado americano do Texas e pioneira no segmento das lojas de conveniência, a 7-Eleven é uma marca internacional operadora de lojas de franquia. Tornou-se a maior cadeia de lojas em todas as categorias, e pode ser encontrada em dezoito países. No Japão, possui mais de 20 mil lojas de conveniência. (N. do E.)

hora em hora. Assim, realizam a entrega das mercadorias às lojas duas ou três vezes por dia, de acordo com a necessidade. Os lanches mais vendidos são abastecidos duas a três vezes por dia para que tenham à disposição itens que acabaram de chegar da cozinha. Isso sim é um bom serviço. E os clientes vêm à loja porque sabem disso.

Por outro lado, o gerente que expõe os produtos mais antigos ou as sobras empoeiradas na primeira fileira está fazendo o mesmo que o presidente que se esforça para vender o produto que menos vende. Isso só acontece porque eles pensam de forma egocêntrica. É preciso mudar o raciocínio para ser orientado ao cliente. Basicamente, o importante é pensar concentrando-se naquilo que o cliente gosta, e ter o espírito de até mesmo descartar os produtos velhos. Essa, sim, é a correta decisão.

Um exemplo simples de entender é o da venda de bananas. No Japão elas são importadas há muito tempo. Houve uma época em que suas vendas não cresciam, e diziam que o problema era o método de venda.

As bananas apodrecem com facilidade e, em geral, são importadas verdes. Elas são postas à venda ainda verdes e, depois de alguns dias, amadurecem. Bananas maduras expostas na quitanda estragam em dois dias.

Assim, as frutas vêm de navio ainda verdes. Quando chegam à quitada, é melhor que ainda estejam verdes, caso contrário elas estragariam durante o transporte. Os clientes que vêm à quitanda apertam-nas antes de comprá-las para saber se estão maduras e, com isso, as frutas se deterioram ainda mais rápido e podem ficar pretas no mesmo dia. As quitandas preferem recebê-las verdes para que durem mais; porém, essa não é a necessidade dos clientes.

O sabor das bananas permanece gostoso apenas por um ou dois dias e, portanto, é preciso adotar a tática de colocá-las à venda na hora certa e vender tudo rapidamente. O cliente não gosta de ser obrigado a comprar banana verde; no entanto, o vendedor justifica que as vendas não aumentam por causa da concorrência de bolos e doces. Contudo, o verdadeiro problema é que o vendedor menospreza a necessidade do cliente e prioriza seu lucro.

Recentemente surgiu um conceito oposto que oferece, por exemplo, um "tomate maturado", plenamente amadurecido no pomar e com alto teor de açúcar. É realmente muito difícil produzir um tomate doce maturado com bastante insolação. É como uma espécie de jogo. Uma vez conquistada a fama de "tomate delicioso", irá vender muito. O gestor deve mudar seu pensamento, concentrando-se em um produto que agrade ao cliente, e não em durabilidade. Segundo me disseram, continuam oferecendo tomates verdes nas merendas escolares japonesas. Certamente não oferecem "tomate maturado", e as crianças que comem tomate verde acham que seu sabor é azedo, e assim passam a desgostar dele.

Embora o tomate maduro seja doce, se as crianças são obrigadas a comê-lo verde, naturalmente muitas crianças passam a não gostar de tomate. Mesmo entre adultos não há quem queira comer tomate verde.

Os clientes não compram de comerciantes que têm o "rei na barriga". Embora se trate apenas de um exemplo, os gestores costumam querer vender produtos invendáveis ou se abastecer de produtos duráveis. No entanto, quando passam a raciocinar colocando o cliente no centro de suas atenções, percebem que o importante é oferecer um produto ao cliente quando ele quer e nas condições que ele quer. E, para isso, o gestor deve se esforçar em aumentar a velocidade do trabalho e melhorar a qualidade do serviço.

O destino da empresa está nas mãos dos clientes

Em essência, o cliente é o centro de tudo. A vida ou a morte da empresa, seu futuro, a falência ou o desenvolvimento dos negócios, enfim, seu destino empresarial está nas mãos do cliente. Muitos se esquecem disso.

A maioria dos gestores tem conceitos errados achando que o destino da empresa depende dos funcionários, dos gerentes, da diretoria ou do presidente. Na verdade, quem tem o poder nas mãos são os clientes. Se eles compram seus produtos, sua empresa se desenvolve, se não compram, ela fecha. Simples assim.

O cliente encerra o relacionamento comercial sem abrir a boca. É muito lamentável para a empresa, mas para o consumidor é só uma questão de deixar de comprar seus produtos. É isso que as pessoas não entendem. A empresa que comete esse erro vai falir.

Certa vez, quando me hospedei num hotel no Japão, pedi café no quarto, mas demorou muito e finalmente chegou após cerca de trinta minutos. Pensei: "Deve estar morno". E estava mesmo. O preço de um café no hotel é cerca de dez dólares, mas quem tomar um café morno uma vez jamais retornará ao mesmo hotel.

Houve também outra situação. Tomei um café gelado no saguão de um hotel no verão, mas a bebida não estava gelada. Estar "gelado" é o apelo de vendas do café gelado, mas eles o serviam morno. Com certeza eles põem gelo no copo e depois despejam por cima o café ainda quente; quando chega à mesa ele não está bem gelado. É um trabalho muito amador. O cliente que toma um café gelado desse certamente não retorna mais àquele hotel.

Um café é um produto que custa de cinco a dez dólares, mas os funcionários acabam se descuidando do preparo para aumentar a eficiência. Entretanto, por causa disso o cliente não volta mais ao mesmo hotel ou restaurante, provocando assim uma grande perda.

Os funcionários estão ocupados e não pensam que um café quente não pode ser servido morno. Então, primeiro terminam o que estão fazendo para depois servirem as mesas. No caso do indivíduo que serviu o café gelado morno, ele foi desleixado e não quis ter o duplo trabalho de preparar o café gelado e o café quente separadamente. Achou mais prático despejar café quente no gelo. Isso pode até ser uma operação racional, mas pode causar perdas maiores no total.

O fundamental é jamais esquecer o ponto de vista do cliente. Nada vale ser feito se não obtiver a satisfação do cliente. Aquele tipo de serviço deve ser extinto pelo processo de seleção natural. Temos de estar atentos para o grande impacto negativo no todo, mesmo que isoladamente o trabalho seja considerado bom.

9

A gestão é um ato de amor e de contribuição à humanidade

Deixe de ser uma empresa autocentrada

A partir de agora eu gostaria que você, como gestor, almejasse possuir uma empresa que oferece um alto valor agregado aos clientes. E para tanto, em vez de ser polivalente você precisa concentrar os recursos empresariais nos seus pontos fortes, de modo que possa desenvolver uma qualidade invencível e fazer frente até mesmo às grandes organizações numa área específica.

Mesmo que seja capaz de resistir momentaneamente a uma guerra de mercado reduzindo seus preços, você não conseguirá vencer uma grande companhia com essa estratégica no longo prazo. Para uma pequena ou média empresa, não há como sobreviver a não ser pelo esforço em criar produtos de alto valor agregado que sejam vendáveis, mesmo que tenham um preço alto.

Os gestores estão empenhados em racionalizar os processos. Tal como no exemplo da banana mencionado anteriormente, a banana verde dura mais, tem um período de venda maior, reduz as perdas de estoque e, portanto, aparentemente gera vantagens para o estabelecimento.

No entanto, se o gestor continuar praticando esse tipo de comercialização, a empresa acabará sendo abandonada pelos clientes. Não haverá futuro se o cliente não ficar satisfeito no instante em que ele pegar o produto na mão, na hora de se servir ou de receber o serviço. Por isso, o gestor deve empreender diversos tipos de esforços e, ao mesmo tempo, precisa manter esse foco e descartar os pensamentos autocentrados.

Conselhos úteis para a gestão

O gestor deve praticar a reflexão e a pesquisa com humildade

O gestor pensa em várias possibilidades para a empresa: "Esse modelo vai racionalizar o processo e melhorar a eficiência", "Desse modo eu consigo reduzir o estoque morto", "Se mudar o processo vou conseguir reduzir a mão de obra" e assim por diante. Porém, por mais que o gestor pense em diversas soluções, se forem descartadas pelo cliente a empresa irá à falência.

Num sentido mais amplo, a gestão não deixa de ser uma contribuição à humanidade. Uma vez que a empresa existe para dar amor à humanidade, se houver segundas intenções ou negligência, se ela inconscientemente estiver prejudicando os outros ou se houver sentimentos egoístas, estará se formando um ambiente infernal em torno dela.

A falência desse tipo de negócio é, na verdade, uma questão de justiça. Talvez Deus também deseje a falência de empresas assim. Portanto, nem adianta pedir ajuda a Ele.

O gestor deve praticar a reflexão com humildade. O lucro não é uma exclusividade das empresas que fazem falcatruas. Eu gostaria que elas procurassem um meio de sobreviver praticando a reflexão e a pesquisa com humildade.

Abordei de forma simples os temas relacionados à gestão empresarial. Espero que sirvam de referência para os gestores em geral.

Posfácio

Tenho certeza de que, por meio de uma leitura profunda deste livro, surgirão muitos empreendedores e grandes empresários, e assim conseguiremos nos aproximar da concretização da Utopia na Terra.

Podemos dizer que, por ora, conseguimos concluir a Teoria da Felicidade no âmbito empresarial.

Ryuho Okawa
Novembro de 2008

Este livro é uma compilação das seguintes palestras, conforme listado a seguir.

CAPÍTULO UM
Palestra dada em 27 de setembro de 2007
no templo local de Nishinomiya, Hyogo, Japão

CAPÍTULO DOIS
Palestra dada em 26 de janeiro de 1992
no Hamanako Royal Hotel, Hamamatsu, Shizuoka, Japão

CAPÍTULO TRÊS
Palestra dada em 3 de abril de 1997
no Buppokan, Utsunomiya, Tochigi, Japão

CAPÍTULO QUATRO
Palestra dada em 25 de janeiro de 1992
no Hamanako Royal Hotel, Hamamatsu, Shizuoka, Japão

CAPÍTULO CINCO
Palestra dada em 17 de abril de 2007
na Matriz da Happy Science em Shinagawa, Tóquio, Japão

CAPÍTULO SEIS
Palestra dada em 26 de julho de 1997
no templo Sohonzan Shoshinkan, Utsunomiya, Tochigi, Japão

CAPÍTULO SETE
Palestra dada em 9 de janeiro de 2003
na Matriz da Happy Science em Shinagawa, Tóquio, Japão

Sobre o autor

O mestre Ryuho Okawa começou a receber mensagens de grandes personalidades da história – Jesus, Buda e outros seres celestiais – em 1981. Esses seres sagrados vieram com mensagens apaixonadas e urgentes, rogando que ele transmitisse às pessoas na Terra a sabedoria divina deles. Assim se revelou o chamado para que ele se tornasse um líder espiritual e inspirasse pessoas no mundo todo com as Verdades espirituais sobre a origem da humanidade e sobre a alma, por tanto tempo ocultas. Esses diálogos desvendaram os mistérios do Céu e do Inferno e se tornaram a base sobre a qual o mestre Okawa construiu sua filosofia espiritual. À medida que sua consciência espiritual se aprofundou, ele compreendeu que essa sabedoria continha o poder de ajudar a humanidade a superar conflitos religiosos e culturais e conduzi-la a uma era de paz e harmonia na Terra.

Pouco antes de completar 30 anos, o mestre Okawa deixou de lado uma promissora carreira de negócios para se dedicar totalmente à publicação das mensagens que recebeu do Mundo Celestial. Desde então, já publicou mais de 2.400 livros, tornando-se um autor de grande sucesso no Japão e no mundo. A universalidade da sabedoria que ele compartilha, a profundidade de sua filosofia religiosa e espiritual e a clareza e compaixão de suas mensagens continuam a atrair milhões de leitores. Além de seu trabalho contínuo como escritor, o mestre Okawa dá palestras públicas pelo mundo todo.

Sobre o autor

Transmissão de palestras em mais de 3.500 locais ao redor do mundo

Desde a fundação da Happy Science, em 1986, o mestre Ryuho Okawa proferiu mais de 2.700 palestras. Esta foto é do Evento de Celebração da Palestra da Descida do Senhor, realizada na Super Arena Saitama, no Japão, em 8 de julho de 2014. Na palestra intitulada "A Grande Estratégia para a Prosperidade", o mestre ensinou que não devemos nos apoiar num grande governo e que, caso surja um país ambicioso, devemos mostrar ao seu povo qual é o caminho correto. Ele também ensina que é importante construir um futuro de paz e prosperidade com os esforços e a perseverança de cada indivíduo independente. Mais de 17 mil pessoas compareceram ao estádio principal e o evento foi também transmitido ao vivo para mais de 3.500 locais ao redor do mundo.

Mais de 2.400 livros publicados

Os livros do mestre Ryuho Okawa foram traduzidos em 30 línguas e vêm sendo cada vez mais lidos no mundo inteiro. Em 2010, ele recebeu menção no livro *Guinness World Records* por ter publicado 52 livros em um ano. Ao longo de 2013, publicou 106 livros. Em 2018, o número de livros lançados pelo mestre Okawa passou de 2.400.

Entre eles, há também muitas mensagens de espíritos de grandes figuras históricas e de espíritos guardiões de importantes personalidades que vivem no mundo atual.

Sobre a Happy Science

Em 1986, o mestre Ryuho Okawa fundou a Happy Science, um movimento espiritual empenhado em levar mais felicidade à humanidade pela superação de barreiras raciais, religiosas e culturais, e pelo trabalho rumo ao ideal de um mundo unido em paz e harmonia. Apoiada por seguidores que vivem de acordo com as palavras de iluminada sabedoria do mestre Okawa, a Happy Science tem crescido rapidamente desde sua fundação no Japão e hoje tem mais de 20 milhões de membros em todo o globo, com templos locais em Nova York, Los Angeles, São Francisco, Tóquio, Londres, Paris, Düsseldorf, Sydney, São Paulo e Seul, dentre as principais cidades. Semanalmente o mestre Okawa ensina nos Templos da Happy Science e viaja pelo mundo dando palestras abertas ao público.

A Happy Science possui vários programas e serviços de apoio às comunidades locais e pessoas necessitadas, como programas educacionais pré e pós-escolares para jovens e serviços para idosos e pessoas com necessidades especiais. Os membros também participam de atividades sociais e beneficentes, que no passado incluíram ajuda humanitária às vítimas de terremotos na China e no Japão, levantamento de fundos para uma escola na Índia e doação de mosquiteiros para hospitais em Uganda.

Programas e Eventos

Os templos locais da Happy Science oferecem regularmente eventos, programas e seminários. Junte-se às nossas sessões de meditação, assista às nossas palestras, participe dos grupos de estudo, seminários e eventos literários. Nossos programas ajudarão você a:

- aprofundar sua compreensão do propósito e significado da vida;
- melhorar seus relacionamentos conforme você aprende a amar incondicionalmente;
- aprender a tranquilizar a mente mesmo em dias estressantes, pela prática da contemplação e da meditação;
- aprender a superar os desafios da vida e muito mais.

Seminários Internacionais

Anualmente, amigos do mundo inteiro comparecem aos nossos seminários internacionais, que ocorrem em nossos templos no Japão. Todo ano são oferecidos programas sobre diversos tópicos, entre eles "como melhorar relacionamentos praticando os Oito Corretos Caminhos para a Iluminação" e "como amar a si mesmo".

Contatos

BRASIL	www.happyscience.com.br
SÃO PAULO (Matriz)	R. Domingos de Morais 1154, Vila Mariana, São Paulo, SP, CEP 04010-100 55-11-5088-3800, sp@happy-science.org
Zona Sul	R. Domingos de Morais 1154, 1º and., Vila Mariana, São Paulo, SP, CEP 04010-100 55-11-5088-3800, sp_sul@happy-science.org
Zona Leste	R. Fernão Tavares 124, Tatuapé, São Paulo, SP, CEP 03306-030, 55-11-2295-8500, sp_leste@happy-science.org
Zona Oeste	R. Grauçá 77, Vila Sônia, São Paulo, SP, CEP 05626-020, 55-11-3061-5400, sp_oeste@happy-science.org
CAMPINAS	Rua Joana de Gusmão 187, Jardim Guanabara, Campinas, SP, CEP 13073-370 55-19-3255-3346
CAPÃO BONITO	Rua Benjamin Constant 225, Centro, Capão Bonito, SP, CEP 18300-322, 55-15-3543-2010
JUNDIAÍ	Rua Congo 447, Jd. Bonfiglioli, Jundiaí, SP, CEP 13207-340, 55-11-4587-5952, jundiai@happy-science.org
LONDRINA	Rua Piauí 399, 1º and., sala 103, Centro, Londrina, PR, CEP 86010-420, 55-43-3322-9073
SANTOS/ SÃO VICENTE	Rua João Ramalho 574, sala 4, Centro, São Vicente, SP, CEP 11310-050, 55-13-99158-4589, santos@happy-science.org

SOROCABA	Rua Dr. Álvaro Soares 195, sala 3, Centro, Sorocaba, SP, CEP 18010-190 55-15-3359-1601, sorocaba@happy-science.org
RIO DE JANEIRO	Largo do Machado 21, sala 607, Catete, Rio de Janeiro, RJ, CEP 22221-020 55-21-3689-1475, riodejaneiro@happy-science.org

INTERNACIONAL	www.happy-science.org

ÁFRICA

ACRA (Gana)	28 Samora Machel Street, Asylum Down, Acra, Gana, 233-30703-1610, ghana@happy-science.org
DURBAN (África do Sul)	55 Cowey Road, Durban 4001, África do Sul 031-2071217 031-2076765, southafrica@happy-science.org
KAMPALA (Uganda)	Plot 17 Old Kampala Road, Kampala, Uganda P.O. Box 34130, 256-78-4728601 uganda@happy-science.org, www.happyscience-uganda.org
LAGOS (Nigéria)	1st Floor, 2A Makinde Street, Alausa, Ikeja, Off Awolowo Way, Ikeja-Lagos State, Nigéria, 234-805580-2790, nigeria@happy-science.org

AMÉRICA

FLÓRIDA (EUA)	12208 N 56th St., Temple Terrace, Flórida, EUA 33617, 813-914-7771 813-914-7710, florida@happy-science.org

Contatos

HONOLULU (EUA)	1221 Kapiolani Blvd, Suite 920, Honolulu, Havaí, 96814, EUA, 1-808-591-9772, 1-808-591-9776, **hi@happy-science.org**, www.happyscience-hi.org
LIMA (Peru)	Av. Angamos Oeste 354, Miraflores, Lima, Peru, 51-1-9872-2600, **peru@happy-science.org**, www.happyscienceperu.com
LOS ANGELES (EUA)	1590 East Del Mar Blvd., Pasadena, CA 91106, EUA, 1-626-395-7775, 1-626-395-7776, **la@happy-science.org**, www.happyscience-la.org
MÉXICO	Av. Insurgentes Sur 1443, Col. Insurgentes Mixcoac, México 03920, D.F. **mexico@happy-science.org**
NOVA YORK (EUA)	79 Franklin Street, Nova York 10013, EUA, 1-212-343-7972, 1-212-343-7973, **ny@happy-science.org**, www.happyscience-ny.org
SÃO FRANCISCO (EUA)	525 Clinton St., Redwood City, CA 94062, EUA 1-650-363-2777, **sf@happy-science.org**, www.happyscience-sf.org
TORONTO (Canadá)	323 College St., Toronto, ON, Canadá M5T 1S2, 1-416-901-3747, **toronto@happy-science.org**

ÁSIA

BANCOC (Tailândia)	Entre Soi 26-28, 710/4 Sukhumvit Rd., Klongton, Klongtoey, Bancoc 10110 66-2-258-5750, 66-2-258-5749, **bangkok@happy-science.org**

CINGAPURA	190 Middle Road #16-05, Fortune Centre, Cingapura 188979, 65 6837 0777/ 6837 0771 65 6837 0772, singapore@happy-science.org
COLOMBO (Sri Lanka)	Nº 53, Ananda Kumaraswamy Mawatha, Colombo 7, Sri Lanka, 94-011-257-3739, srilanka@happy-science.org
HONG KONG (China)	Unit A, 3/F-A Redana Centre, 25 Yiu Wa Street, Causeway Bay, 85-2-2891-1963, hongkong@happy-science.org
KATMANDU (Nepal)	Kathmandu Metropolitan City, Ward No-9, Gaushala, Surya, Bikram Gynwali Marga, House Nº 1941, Katmandu, 977-0144-71506, nepal@happy-science.org
MANILA (Filipinas)	Gold Loop Tower A 701, Escriva Drive Ortigas Center Pasig, City 1605, Metro Manila, Filipinas, 094727 84413, philippines@happy-science.org
NOVA DÉLI (Índia)	314-319, Aggarwal Square Plaza, Plot-8, Pocket-7, Sector-12, Dwarka, Nova Déli-7S, Índia 91-11-4511-8226, newdelhi@happy-science.org
SEUL (Coreia do Sul)	162-17 Sadang3-dong, Dongjak-gu, Seul, Coreia do Sul, 82-2-3478-8777 82-2-3478-9777, korea@happy-science.org
TAIPÉ (Taiwan)	Nº 89, Lane 155, Dunhua N. Rd., Songshan District, Cidade de Taipé 105, Taiwan, 886-2-2719-9377, 886-2-2719-5570, taiwan@happy-science.org
TÓQUIO (Japão)	6F 1-6-7 Togoshi, Shinagawa, Tóquio, 142-0041, Japão, 03-6384-5770, 03-6384-5776, tokyo@happy-science.org, www.happy-science.jp

Contatos

EUROPA

DÜSSELDORF (Alemanha)	Klosterstr. 112, 40211 Düsseldorf, Alemanha, 49-211-93652470, 49-211-93652471, germany@happy-science.org www.happyscience.de
FINLÂNDIA	finland@happy-science.org
LONDRES (GBR)	3 Margaret Street, London W1W 8RE, Grã-Bretanha, 44-20-7323-9255 44-20-7323-9344, eu@happy-science.org, www.happyscience-uk.org
PARIS (França)	56, rue Fondary 75015 Paris, França 33-9-5040-1110 33-9-55401110 france@happy-science.org, www.happyscience-fr.org
VIENA (Áustria)	Zentagasse 40-42/1/1b, 1050, Viena, Áustria/EU 43-1-9455604, austria-vienna@happy-science.org

OCEANIA

AUCKLAND (Nova Zelândia)	409A Manukau Road, Epsom 1023, Auckland, Nova Zelândia 64-9-6305677, 64-9-6305676, newzealand@happy-science.org
SYDNEY (Austrália)	Suite 17, 71-77 Penshurst Street, Willoughby, NSW 2068, Austrália, 61-2-9967-0766 61-2-9967-0866, sydney@happy-science.org

Partido da Realização da Felicidade

O Partido da Realização da Felicidade (PRF) foi fundado no Japão em maio de 2009 pelo mestre Ryuho Okawa, como parte do Grupo Happy Science, para oferecer soluções concretas e práticas a assuntos atuais, como as ameaças militares da Coreia do Norte e da China e a recessão econômica de longo prazo. O PRF objetiva implementar reformas radicais no governo japonês, a fim de levar paz e prosperidade ao Japão. Para isso, o PRF propõe duas medidas principais:

1. Fortalecer a segurança nacional e a aliança Japão-EUA, que tem papel vital para a estabilidade da Ásia.
2. Melhorar a economia japonesa implementando cortes drásticos de impostos, adotando medidas monetárias facilitadoras e criando novos grandes setores.

O PRF defende que o Japão deve oferecer um modelo de nação religiosa que permita a coexistência de valores e crenças diversos, e que contribua para a paz global.

Para mais informações, visite en.hr-party.jp

Universidade Happy Science

O espírito fundador e a meta da educação

Com base na filosofia fundadora da universidade, que é de "Busca da felicidade e criação de uma nova civilização", são oferecidos educação, pesquisa e estudos para ajudar os estudantes a adquirirem profunda compreensão, assentada na crença religiosa, e uma expertise avançada, para com isso produzir "grandes talentos de virtude" que possam contribuir de maneira abrangente para servir o Japão e a comunidade internacional.

Visão geral das faculdades e departamentos
– Faculdade de Felicidade Humana, Departamento de Felicidade Humana

Nesta faculdade, os estudantes examinam as ciências humanas sob vários pontos de vista, com uma abordagem multidisciplinar, a fim de poder explorar e vislumbrar um estado ideal dos seres humanos e da sociedade.

– Faculdade de Administração de Sucesso, Departamento de Administração de Sucesso

Esta faculdade tem por objetivo tratar da administração de sucesso, ajudando entidades organizacionais de todo tipo a criar valor e riqueza para a sociedade e contribuir para a felicidade e o desenvolvimento da administração e dos empregados, assim como da sociedade como um todo.

– Faculdade da Indústria Futura, Departamento de Tecnologia Industrial

O objetivo desta faculdade é formar engenheiros capazes de resolver várias das questões enfrentadas pela civilização moderna, do ponto de vista tecnológico, contribuindo para criar novos setores no futuro.

Academia Happy Science
Escola Secundária de Primeiro e Segundo Grau

A Academia Happy Science de Primeiro e Segundo Grau é uma escola em período integral fundada com o objetivo de educar os futuros líderes do mundo para que tenham uma visão ampla, perseverem e assumam novos desafios. Hoje há dois *campi* no Japão: o Campus Sede de Nasu, na província de Tochigi, fundado em 2010, e o Campus Kansai, na província de Shiga, fundado em 2013.

Filmes da Happy Science

O mestre Okawa é criador e produtor executivo de treze filmes, que receberam vários prêmios e reconhecimento ao redor do mundo. Títulos dos filmes:

- As Terríveis Revelações de Nostradamus (1994)
- Hermes – Ventos do Amor (1997)
- As Leis do Sol (2000)
- As Leis Douradas (2003)
- As Leis da Eternidade (2006)
- O Renascimento de Buda (2009)
- O Julgamento Final (2012)
- As Leis Místicas (2012)
- As Leis do Universo – Parte 0 (2015)
- Estou Bem, Meu Anjo (2016)
- O Mundo em que Vivemos (2017)
- Alvorecer (2018)
- As Leis do Universo – Parte 1 (2018)

As Leis do Sol

As Leis da Eternidade

As Leis Douradas

Filmes da Happy Science

As Leis Místicas

Vencedor do "**Prêmio Remi Especial do Júri 2013**" para Produções Teatrais no Festival de Cinema Internacional WorldFest de Houston

O Julgamento Final

As Leis do Universo
(Parte 0)

Estou Bem, Meu Anjo

As Leis do Universo
(Parte 1)

Outros livros de Ryuho Okawa

SÉRIE LEIS

As Leis do Sol
A Gênese e o Plano de Deus
IRH Press do Brasil

Neste livro poderoso, Okawa revela a natureza transcendental da consciência e os segredos do nosso universo multidimensional, bem como o lugar que ocupamos nele. Ao compreender as leis naturais que regem o universo e desenvolver sabedoria pela reflexão com base nos Oito Corretos Caminhos ensinados no budismo, o autor tem como acelerar nosso eterno processo de desenvolvimento e ascensão espiritual. Também indica o caminho para se chegar à verdadeira felicidade. Edição revista e ampliada.

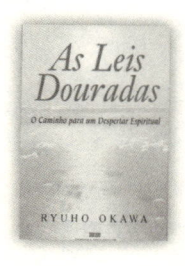

As Leis Douradas
O Caminho para um Despertar Espiritual
Editora Best Seller

Ao longo da história, os Grandes Espíritos Guias de Luz, como Buda Shakyamuni, Jesus Cristo, Krishna e Maomé, têm estado presentes na Terra, em momentos cruciais da história humana, para cuidar do nosso desenvolvimento espiritual. Este livro traz a visão do Supremo Espírito que rege o Grupo Espiritual da Terra, El Cantare, revelando como o plano de Deus tem sido concretizado ao longo do tempo. Depende de todos nós vencer o desafio, trabalhando juntos para ampliar a Luz.

As Leis Místicas
Transcendendo as Dimensões Espirituais
IRH Press do Brasil

A humanidade está entrando numa nova era de despertar espiritual graças a um grandioso plano, estabelecido há mais de 150 anos pelos Espíritos Superiores. Neste livro são esclarecidas questões sobre espiritualidade, ocultismo, misticismo, hermetismo, possessões e fenômenos místicos, canalizações, comunicações espirituais e milagres que não foram ensinados nas escolas nem nas religiões. Você compreenderá o verdadeiro significado da vida na Terra, fortalecerá sua fé e religiosidade, despertando o poder de superar seus limites e até de manifestar milagres por meio de fenômenos sobrenaturais.

As Leis da Imortalidade
O Despertar Espiritual para uma Nova Era Espacial
IRH Press do Brasil

Milagres ocorrem de fato o tempo todo à nossa volta. Aqui, o mestre Okawa revela as verdades sobre os fenômenos espirituais e ensina que as leis espirituais eternas realmente existem, e como elas moldam o nosso planeta e os mundos além deste que conhecemos. Milagres e ocorrências espirituais dependem não só do Mundo Celestial, mas sobretudo de cada um de nós e do poder contido em nosso interior – o poder da fé.

As Leis da Salvação
Fé e a Sociedade Futura
IRH Press do Brasil

O livro analisa o tema da fé e traz explicações relevantes para qualquer pessoa, pois ajudam a elucidar os mecanismos da vida e o que ocorre depois dela, permitindo que os seres humanos adquiram maior grau de compreensão, progresso e felicidade. Também aborda questões importantes, como a verdadeira natureza do homem enquanto ser espiritual, a necessidade da religião, a existência do bem e do mal, o papel das escolhas, a possibilidade do apocalipse, como seguir o caminho da fé e ter esperança no futuro, entre outros temas.

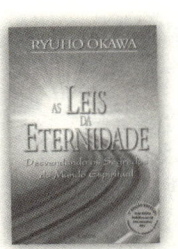

As Leis da Eternidade
A Revelação dos Segredos das Dimensões Espirituais do Universo
Editora Cultrix

Cada uma de nossas vidas é parte de uma série de vidas cuja realidade se assenta no outro mundo espiritual. Neste livro esclarecedor, Ryuho Okawa revela os aspectos multidimensionais do Outro Mundo, descrevendo suas dimensões, características e leis. Ele também explica por que é essencial para nós compreendermos a estrutura e a história do mundo espiritual e percebermos a razão de nossa vida – como parte da preparação para a Era Dourada que está por se iniciar.

As Leis da Felicidade
Os Quatro Princípios para uma
Vida Bem-Sucedida
Editora Cultrix

Este livro é uma introdução básica aos ensinamentos de Ryuho Okawa, ilustrando o cerne de sua filosofia. O autor ensina que, se as pessoas conseguem dominar os Princípios da Felicidade – Amor, Conhecimento, Reflexão e Desenvolvimento –, elas podem fazer sua vida brilhar, tanto neste mundo como no outro, pois esses princípios são os recursos para escapar do sofrimento e que conduzem as pessoas à verdadeira felicidade.

As Leis da Sabedoria
Faça Seu Diamante Interior Brilhar
IRH Press do Brasil

Neste livro, Okawa descreve, sob diversas óticas, a sabedoria que devemos adquirir na vida. Apresenta valiosos conceitos sobre o modo de viver, dicas para produção intelectual e os segredos da boa gestão empresarial. Depois da morte, a única coisa que o ser humano pode levar de volta consigo para o outro mundo é seu "coração". E dentro dele reside a "sabedoria", a parte que preserva o brilho de um diamante. A Iluminação na vida moderna é um processo diversificado e complexo. No entanto, o mais importante é jogar um raio de luz sobre seu modo de vida e, com seus esforços, produzir magníficos cristais durante sua preciosa passagem pela Terra.

Outros livros de Ryuho Okawa

As Leis da Justiça
Como Resolver os Conflitos Mundiais e Alcançar a Paz
IRH Press do Brasil

O autor afirma: "Com este livro, fui além do âmbito de um trabalho acadêmico. Em outras palavras, assumi o desafio de colocar as revelações de Deus como um tema de estudo acadêmico. Busquei formular uma imagem de como a justiça deveria ser neste mundo, vista da perspectiva de Deus ou de Buda. Para isso, fui além do conhecimento acadêmico de destacados estudiosos do Japão e do mundo, assim como do saber de primeiros-ministros e presidentes. Alguns de meus leitores sentirão nestas palavras a presença de Deus no nível global".

As Leis do Futuro
Os Sinais da Nova Era
IRH Press do Brasil

O futuro está em suas mãos. O destino não é algo imutável e pode ser alterado por seus pensamentos e suas escolhas. Tudo depende de seu despertar interior, pois só assim é possível criar um futuro brilhante. Podemos encontrar o Caminho da Vitória usando a força do pensamento para obter sucesso na vida material e espiritual. O desânimo e o fracasso são coisas que não existem de fato: não passam de lições para o nosso aprimoramento nesta escola chamada Terra. Ao ler este livro, a esperança renascerá em seu coração e você cruzará o portal para a nova era.

As Leis da Perseverança
Como Romper os Dogmas da Sociedade e Superar as Fases Difíceis da Vida
IRH Press do Brasil

Ao ler este livro, você compreenderá que pode mudar sua forma de pensar e vencer os obstáculos que os dogmas e o senso comum da sociedade colocam em nosso caminho, apoiando-se numa força que o ajudará a superar as provações: a perseverança. Nem sempre o caminho mais fácil é o correto e o mais sábio. O mestre Okawa compartilha seus segredos no uso da perseverança e do esforço para fortalecer sua mente, superar suas limitações e resistir ao longo do caminho que o conduzirá a uma vitória infalível.

As Leis da Missão
Desperte Agora para as Verdades Espirituais
IRH Press do Brasil

Estas são as leis do milagre para se viver a era do coração. São leis repletas de misericórdia, ainda que fundamentadas na sabedoria. Poucas pessoas têm consciência de que estão trilhando os tempos da Luz, porque o mundo de hoje está repleto de catástrofes e infelicidades. Por isso, o autor afirma: "Agora é a hora". Quando a humanidade está se debatendo no mais profundo sofrimento, é nesse momento que Deus está mais presente. Estas também são as leis da salvação, do amor, do perdão e da verdade. Aqui estão as respostas para suas dúvidas. Construa um túnel para perfurar a montanha da teoria.

Outros livros de Ryuho Okawa

As Leis da Invencibilidade
Como Desenvolver uma Mente Estratégica e Gerencial
IRH Press do Brasil

O autor desenvolveu uma filosofia sobre a felicidade que se estende ao longo desta vida e prossegue na vida após a morte. Seus fundamentos são os mesmos do budismo, que diz que o estado mental que mantivermos nesta vida irá determinar nosso destino no outro mundo. Ryuho Okawa afirma: "Desejo fervorosamente que todas as pessoas alcancem a verdadeira felicidade neste mundo e que ela persista na vida após a morte. Um intenso sentimento meu está contido na palavra 'invencibilidade'. Espero que este livro dê coragem e sabedoria àqueles que o leem hoje e às pessoas das gerações futuras".

As Leis da Fé
Um Mundo Além das Diferenças
IRH Press do Brasil

Em essência, sem Deus é impossível haver elevação do caráter e da moral do ser humano.

As pessoas são capazes de carregar sentimentos sublimes quando creem em algo maior do que elas mesmas, em uma entidade superior aos humanos. Estamos nos aproximando de um momento decisivo na história da humanidade, e este livro nos oferece a chave para aceitar diversidades além das diferenças de etnia, religião, raça, gênero, descendência e assim por diante, harmonizar os indivíduos e as nações e criar um mundo cheio de paz e prosperidade.

Série Entrevistas Espirituais

Mensagens do Céu
Revelações de Jesus, Buda, Moisés e Maomé
para o Mundo Moderno
IRH Press do Brasil

Okawa compartilha as mensagens desses quatro espíritos, recebidas por comunicação espiritual, e o que eles desejam que as pessoas da presente época saibam. Jesus envia mensagens de amor, fé e perdão; Buda ensina sobre o "eu" interior, perseverança, sucesso e iluminação na vida terrena; Moisés explora o sentido da retidão, do pecado e da justiça; e Maomé trata de questões sobre a tolerância, a fé e os milagres. Você compreenderá como esses líderes religiosos influenciaram a humanidade ao expor sua visão a respeito das Verdades Universais e por que cada um deles era um mensageiro de Deus empenhado em guiar as pessoas.

A Última Mensagem de Nelson Mandela para o Mundo
Uma Conversa com Madiba Seis Horas
Após Sua Morte
IRH Press do Brasil

Nelson Mandela, conhecido como Madiba, veio até o mestre Okawa seis horas após seu falecimento e transmitiu sua última mensagem de amor e justiça para todos, antes de retornar ao Mundo Espiritual. Porém, a revelação mais surpreendente deste livro é que Mandela é um Grande Anjo de Luz, trazido a este mundo para promover a justiça divina, e que, no passado remoto, foi um grande herói da Bíblia.

A Verdade sobre o Massacre de Nanquim
Revelações de Iris Chang
IRH Press do Brasil

Iris Chang, jornalista norte-americana de ascendência chinesa, ganhou notoriedade após lançar, em 1997, *O Estupro de Nanquim*, em que denuncia as atrocidades cometidas pelo Exército Imperial Japonês durante a Guerra Sino-Japonesa, em 1938-39. Foi a partir da publicação da obra que a expressão "Massacre de Nanquim" passou a ser conhecida e recentemente voltou à tona, espalhando-se depressa dos Estados Unidos para o mundo. Atualmente, porém, essas afirmações vêm sendo questionadas. Para esclarecer o assunto, Okawa invocou o espírito da jornalista dez anos após sua morte e revela, aqui, o estado de Chang à época de sua morte e a grande possibilidade de uma conspiração por trás de seu livro.

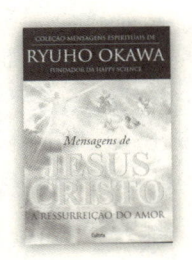

Mensagens de Jesus Cristo
A Ressurreição do Amor
Editora Cultrix

Assim como muitos outros Espíritos Superiores, Jesus Cristo tem transmitido diversas mensagens espirituais ao mestre Okawa, cujo objetivo é orientar a humanidade e despertá-la para uma nova era de espiritualidade.

Walt Disney
Os Segredos da Magia que Encanta as Pessoas
IRH Press do Brasil

Walt Disney foi o criador de Mickey Mouse e fundador do império conhecido como Disney World; lançou diversos desenhos animados que obtiveram reconhecimento global e, graças à sua atuação diversificada, estabeleceu uma base sólida para os vários empreendimentos de entretenimento. Nesta entrevista espiritual, ele nos revela os segredos do sucesso que o consagrou como um dos mais bem-sucedidos empresários da área de entretenimento do mundo contemporâneo.

O Próximo Grande Despertar
Um Renascimento Espiritual
IRH Press do Brasil

Esta obra traz revelações surpreendentes, que podem desafiar suas crenças. São mensagens transmitidas pelos Espíritos Superiores ao mestre Okawa, para que você compreenda a verdade sobre o que chamamos de "realidade". Se você ainda não está convencido de que há muito mais coisas do que aquilo que podemos ver, ouvir, tocar e experimentar; se você ainda não está certo de que os Espíritos Superiores, os Anjos da Guarda e os alienígenas existem aqui na Terra, então leia este livro.

Outros livros de Ryuho Okawa

Série Autoajuda

THINK BIG – Pense Grande
O Poder para Criar o Seu Futuro
IRH Press do Brasil

Tudo na vida das pessoas manifesta-se de acordo com o pensamento que elas mantêm diariamente em seu coração. A ação começa dentro da mente. A capacidade de criar de cada pessoa limita-se à sua capacidade de pensar. Ao conhecermos a Verdade sobre o poder do pensamento, teremos em nossas mãos o poder da prosperidade, da felicidade, da saúde e da liberdade de seguir nossos rumos, independentemente das coisas que nos prendem a este mundo material. Com este livro, você aprenderá o verdadeiro significado do Pensamento Positivo e como usá-lo de forma efetiva para concretizar seus sonhos. Leia e descubra como ser positivo, corajoso e realizar seus sonhos.

Estou Bem!
7 Passos para uma Vida Feliz
IRH Press do Brasil

Diferentemente dos textos de autoajuda escritos no Ocidente, este livro traz filosofias universais que irão atender às necessidades de qualquer pessoa. Um tesouro repleto de reflexões que transcendem as diferenças culturais, geográficas, religiosas e raciais. É uma fonte de inspiração e transformação que dá instruções concretas para uma vida feliz. Seguindo os passos deste livro, você poderá dizer: "Estou bem!" com convicção e um sorriso amplo, onde quer que esteja e diante de qualquer circunstância que a vida lhe apresente.

Pensamento Vencedor
Estratégia para Transformar o Fracasso em Sucesso
Editora Cultrix

A vida pode ser comparada à construção de um túnel, pois muitas vezes temos a impressão de ter pela frente como obstáculo uma rocha sólida. O pensamento vencedor opera como uma poderosa broca, capaz de perfurar essa rocha. Quando praticamos esse tipo de pensamento, nunca nos sentimos derrotados em nossa vida. Esse pensamento baseia-se nos ensinamentos de reflexão e desenvolvimento necessários para superar as dificuldades da vida e obter prosperidade. Ao ler, saborear e estudar a filosofia contida neste livro e colocá-la em prática, você será capaz de declarar que não existe essa coisa chamada derrota – só existe o sucesso.

Mude Sua Vida, Mude o Mundo
Um Guia Espiritual para Viver Agora
IRH Press do Brasil

Este livro é uma mensagem de esperança, que contém a solução para o estado de crise em que nos encontramos hoje, quando a guerra, o terrorismo e os desastres econômicos provocam dor e sofrimento por todos os continentes. É um chamado para nos fazer despertar para a Verdade de nossa ascendência, para que todos nós, como irmãos, possamos reconstruir o planeta e transformá-lo numa terra de paz, prosperidade e felicidade.

Outros livros de Ryuho Okawa

Trabalho e Amor
Como Construir uma Carreira Brilhante
IRH Press do Brasil

O sucesso no trabalho pode trazer muita alegria. Mas só encontramos o verdadeiro prazer ao cumprir nossa vocação com paixão e propósito – então, nosso sucesso é abençoado de verdade. Quando cumprimos nossa vocação, conseguimos superar todos os obstáculos, pois sabemos que nosso trabalho confere valor à vida dos outros e traz sentido e satisfação para a nossa vida. Aqui, Okawa introduz dez princípios para você desenvolver sua vocação e conferir valor, propósito e uma devoção de coração ao trabalho com o qual sempre sonhou. Você irá descobrir princípios que propiciam: trabalho de alto nível; avanço na carreira; atitude mental voltada para o desenvolvimento e a liderança; poder do descanso e do relaxamento; liberação do verdadeiro potencial; saúde e vitalidade duradouras.

A Mente Inabalável
Como Superar as Dificuldades da Vida
IRH Press do Brasil

Muitas vezes somos incapazes de lidar com os obstáculos da vida, sejam eles problemas pessoais ou profissionais, tragédias inesperadas ou dificuldades que nos acompanham há tempos. Para o autor, a melhor solução para tais situações é ter uma mente inabalável. Neste livro, ele descreve maneiras de adquirir confiança em si mesmo e alcançar o crescimento espiritual, adotando como base uma perspectiva espiritual.

GESTÃO EMPRESARIAL

O Milagre da Meditação
Conquiste Paz, Alegria e Poder Interior
IRH Press do Brasil

A meditação pode abrir sua mente para o potencial de transformação que existe dentro de você e conecta sua alma à sabedoria celestial – tudo pela força da fé. Este livro combina o poder da fé e a prática da meditação para ajudá-lo a conquistar paz interior, descobrir sua natureza divina, encontrar seu "eu" ideal e cultivar uma vida com propósitos firmes de altruísmo e compaixão. Você vai aprender métodos para:

- acalmar seu coração e sentir paz interior;
- superar a raiva, a ansiedade, a angústia e o medo;
- criar uma profunda consciência sobre o significado da vida;
- compreender o propósito e o significado de seus problemas;
- criar um futuro brilhante nos relacionamentos e em sua carreira profissional;
- alcançar objetivos e realizar seus sonhos de vida.

SÉRIE FELICIDADE

O Caminho da Felicidade
Torne-se um Anjo na Terra
IRH Press do Brasil

Aqui se encontra a íntegra dos ensinamentos das Verdades espirituais transmitidas por Ryuho Okawa e que serve de introdução aos que buscam o aperfeiçoamento espiritual. Okawa apresenta "Verdades Universais" que podem transformar sua vida e conduzi-lo para

- espaços para você anotar as inspirações recebidas do seu anjo interior;
- dicas para compreender como fazer a contemplação;
- planos de ação simples, explicados passo a passo.

As Chaves da Felicidade
Os 10 Princípios para Manifestar a Sua Natureza Divina
Editora Cultrix

Neste livro, o mestre Okawa mostra de forma simples e prática como podemos desenvolver nossa vida de forma brilhante e feliz neste mundo e no outro. O autor ensina os dez princípios básicos – Felicidade, Amor, Coração, Iluminação, Desenvolvimento, Conhecimento, Utopia, Salvação, Reflexão e Oração – que servem de bússola para nosso crescimento espiritual e felicidade.

O Ponto de Partida da Felicidade
Um Guia Prático e Intuitivo para Descobrir o Amor, a Sabedoria e a Fé
Editora Cultrix

Neste livro, Okawa ilustra como podemos obter a felicidade e levar a vida com um propósito. Como seres humanos, viemos a este mundo sem nada e sem nada o deixaremos. Podemos nos dedicar à aquisição de propriedades e bens materiais ou buscar o verdadeiro caminho da felicidade – construído com o amor que dá, que acolhe a luz. Okawa nos mostra como alcançar a felicidade e ter uma vida plena de sentido.

Curando a Si Mesmo
A Verdadeira Relação entre Corpo e Espírito
Editora Cultrix

O autor revela as verdadeiras causas das doenças e os remédios para várias delas, que a medicina moderna ainda não consegue curar, oferecendo não apenas conselhos espirituais, mas também de natureza prática. Seguindo esses passos, sua vida mudará completamente e você descobrirá a verdade sobre a mente e o corpo. Este livro revela o funcionamento da possessão espiritual e como podemos nos livrar dela; mostra os segredos do funcionamento da alma e como o corpo humano está ligado ao plano espiritual.

A Verdade sobre o Mundo Espiritual
Guia para uma vida feliz
IRH Press do Brasil

Este livro abrange todo tipo de conhecimento espiritual e pode ser considerado um manual valiosíssimo para encorajar você a dar um passo adiante e explorar esse verdadeiro país das maravilhas que é o mundo espiritual. Espero de coração que as informações nele contidas se tornem senso comum no século XXI. Escrito no formato de perguntas e respostas, este livro vai ajudá-lo a compreender questões importantes como:
- O que acontece com as pessoas depois que morrem?
- Qual é a verdadeira forma do Céu e do Inferno?
- O que é preciso fazer para voltar para o Céu depois da morte?
- Se Deus existe, por que Ele não destrói o Inferno?
- O tempo de vida de uma pessoa está predeterminado?